天路
(如何找到它)

The Way to God
(And How to Find It)

Dwight L. Moody

天路

（如何找到它）

神爱世人，甚至将他的独生子赐给他们，叫一切信他的，不至灭亡，反得永生。

《约翰福音》三章16节

作者：慕迪（美）
译者：吕平

天路 (*The Way to God*) – Dwight L. Moody
Revised & Translated Edition Copyright © 2022
First edition published 1884

Please do not reproduce, store in a retrieval system, or transmit in any form or by any means – electronic, mechanical, photocopying, recording, or otherwise, without written permission from the publisher. Please contact us via www.AnekoPress.com for reprint and translation permissions.

Scripture quotations are taken from the
Chinese Union Version (Simplified).

译者注：为读者方便及文体完整起见，书中采用的圣经经文出自简体中文和合本《圣经》(CUVS)。

Cover Design: Jonathan Lewis
Translator: Ping Lue

Aneko Press

www.anekopress.com

Aneko Press, Life Sentence Publishing, and our logos are trademarks of
Life Sentence Publishing, Inc.
203 E. Birch Street
P.O. Box 652
Abbotsford, WI 54405

RELIGION / Christian Living / Spiritual Growth

Paperback ISBN: 978-1-62245-813-4

eBook ISBN: 978-1-62245-814-1

10 9 8 7 6 5 4 3 2

Available where books are sold

目录

致读者 ix

第一章 - 无法测度的爱 1

第二章 - 天国之要道 19

第三章 - 两群人 39

第四章 - 金玉良言 53

第五章 - 神圣救主 65

第六章 - 悔改与补偿 73

第七章 - 救恩的确据 89

第八章 - 基督即一切 111

第九章 - 背道而行 127

有关作者 143

致读者

我试图用本书来指明通往神的道路。本书中,有很大部份,是我在大英帝国和我自己的国家——美国,不同城市布道时的讲稿。在我佈道时,神恩慈地祝福给我,我在此祈求神祝福这些印刷成书的讲稿和添加的材料。

首先,我要读者关注的,是神的爱,即所有恩典之礼物的源头。然后,我努力将真理阐明给不同群体的人,来满足这些群体的特殊需要,并且解答一个人如何能与神和好,希望能带领一些灵魂到 "是道路,是真理,是生命"(约 14:6)那一位那里。

本书最后一章是特别写给那些背道而行者——我们中间有不计其数的这样一群人。

我以诚挚的祷告和盼望,靠着神施恩给这些书页,读者能对基督的信仰得到坚固,建立,扎根。

我以祂仆人的身份为你服务

德怀特·慕迪(Dwight Moody)

第一章

无法测度的爱

并知道这爱是过于人所能测度的（弗 3：19）

我若能够让人明白使徒约翰的这句话——神就是爱，那么我就会走遍世界来传扬这一光辉的真理。若你能使某人确信你爱他，那你就得了他的心。如果我们能让人们确信神爱他们，我们就会看到他们蜂拥而入地进入天国。问题是，人们认为神厌恶他们，他们就常常避开神。某些年前，我们在芝加哥建立了一所教会，急着要向人们传讲神的爱。我们想到，若我们靠布道不能将神的爱传入人们的心中，我们是否可以试着其他的方法来见效；我们就直接在讲台上放上这句话：神就是爱。一天晚上，有个人在街上走，经过教会，就往门里看，看到了这句话。此人是一位离开神的浪荡子，他边走边寻思，神是爱！不！祂不爱我，我是一个可悲可怜的罪人。他一个劲儿地想把这句话逐出他的脑袋，但这句话，就如火一般在他面前燃烧。往前没走几步，他就转过身来，径直走进了正在进行的聚会当中。

他没有听讲道，仅"神是爱"这短短的一句话深深地扎入他的心，这就够了！唯有让神的话进入罪人的心，任凭人怎么说都毫无价值。第一场聚会结束后，这人还待着，我发现他哭得像个小孩子。我打开圣经，告诉他，尽管他远离了神，神一直在爱他，神在等候、接待他，原谅他。福音之光进入他的心。离开时，他是一位新人，在耶稣基督爱中充满喜乐。

在这个世界上，没有任何东西比爱更有价值。你若能找到一位无人呵护，无人疼爱的人，那人就是这世上最凄惨的人。人为什么寻自尽，是常常因为无人爱他们这个念头缠绕在心中，以至于生不如死。整本圣经，据我所知，没有比神的爱这条真理能够以力量和温柔进入我们的心，也没有任何一条真理让撒旦如此竭力抹杀。六千多年来，撒旦竭尽全力来诱惑人，说神不爱他们。我们的始祖信了这谎言，历世历代中也不乏跌倒的。

神不爱我们的理念常出于错误的教导。父母在教导孩子时犯错，说只有当他们行正事时，神才爱他们，反之，神就不爱他们。当你的孩子做错事时，你不会对他们说，你恨他们。他们的错误行为不会使你的爱变成恨。若真是这样，你的爱将改变无数次。你的孩子耍性子，或者有反叛行为，你不会因此和他一刀两断，好像他不是你的！不！他仍然是你的孩子，你爱他。如果有些人偏离了神，不意味着神恨他们。神忌恨的是罪，不悔改，是邪恶的心。惟有基督在

无法测度的爱

我们还作罪人的时候为我们死，神的爱就在此向我们显明了(罗 5:8)。我们爱，因为神先爱我们(约壹 4:19)。

很多人认为神不爱他们，是他们以自己的立场和小尺度来衡量神。我们若认为某些人值得我们爱，就会爱他们；如果不值得，我们就会离弃他们。神不是这样。神的爱和凡人的爱之间，有天壤之别。《以弗所书》三章18节告诉我们关于神的爱的长阔高深。我们许多人以为对神的爱有所知；从今数算，世纪以后，我们将承认，我们只知道一丁点儿。哥伦布发现了美洲大陆，

> 神的爱和凡人的爱之间，有天壤之别。

但他知道其中的大湖、河流、森林和密西西比河谷吗？直至去世，他对所发现的美洲所知甚少。同样如此，许多人发现了神的爱的某些点滴，但并不知道祂的广阔高深。神的爱如同大海，要知其中奥秘，我们必先投入其中。曾有一位罗马天主教的巴黎主教，被下到监狱，并判了枪决。在被提出去执行死刑前，他在狱室看到一扇窗，形如十字架。他在十字架头上写了高，底部写了深，膀臂两头写了长。他已经历了以撒·华兹的圣诗所传颂的真理[1]：

> 我每静念那十字架，
>
> 并主如何在上受熬，
>
> 我就不禁浑忘身家，

---

[1] 译文摘自圣诗《我每思念十字架》(When I Survey the Wondrous Cross)。作者：以撒·华兹 (Isaac Watts, 1674-1748)。

天路

鄙视从前所有倨傲。

愿主禁我别有所夸,

除了耶稣的十字架。

前所珍爱虚空荣华,

今为他血情愿舍下。

看从他头!他脚!他手!

忧情慈爱和血而流!

哪有爱犹如此相遇,

荆棘编成如此冕旒?

假若宇宙都归我手,

尽以奉主仍觉可羞,

爱既如此奇妙深厚,

当得我心,我命,所有。

当我们渴望知道神的爱,我们应当去各各他山。看到那场景,谁能说神不爱我们?十字架述说了神的爱。没有比十字架更能阐明这伟大的爱。若非爱,神岂能献上基督,基督献上死?人为朋友舍命,人的爱心没有比这个大的(约 15:13)。基督为祂的敌人舍命,基督为杀害祂的人舍命,基督为那些仇恨祂的人舍命。十字架的精神,各各他山的精神,就是爱。当他们戏弄祂,嘲笑祂,祂怎么说?父啊,赦免他们!因为他们所做的,他们不晓得(路 23:34)。这就是爱!耶稣没有呼唤从天上降下火来吞噬他们,在祂心中别无其它,唯有爱。

无法测度的爱

神的爱不变

研究圣经,你将发现神的爱不变。很多曾经爱过你的人,如今或许冷淡下来,离开你;或许,他们的爱变为恨。神不是这样。圣经是这样记载耶稣基督:正当祂要和门徒分离,被带到各各他山,祂既然爱世间属自己的人,就爱他们到底(约 13:1)。祂知道门徒中的一位会出卖祂,祂依然爱犹大。祂知道另一门徒会不认祂,甚至发誓从未相识,祂依然爱彼得。基督的爱使彼得的心破碎,重新悔改,恭敬地跪在主的脚前。三年中,耶稣和门徒同在,不仅以祂的生命和教导,还以祂的事工,传授祂的爱。在祂被卖的那一晚,祂取了一盆水,裹着毛巾,取仆人的身份,给众门徒洗脚。祂要让众门徒知道祂那永不改变的爱。

圣经中,我最常唸,最爱的经文是《约翰福音》十四章。读此经文,我从不感到厌倦。当我们的主将心倾倒给门徒,听听祂如何说:到哪日你们就知道我在父里面,你们在我里面,我也在你们里面。有了我的命令又遵守的,这人就是爱我的;爱我的必蒙我父爱他,我也要爱他,并且要向他显现(约 14:20-21)。思想一下,这位创造天地的神爱你和我!人若爱我,就必遵守我的道;我父也必爱他,并且我们要到他那里去,与他同住(约 14:23)。

面对神,我们这弱小有限的头脑怎能理解这伟大的真理——父和子如此爱我们,以至要来与我们同住!不是住一个晚上,而是常住在我们心里。

另一精句是《约翰福音》十七章23节：我在他们里面，你在我里面，使他们完完全全地和而为一，叫世人知道你差了我来，也知道你爱他们如同爱我一样。我认为这句话是耶稣基督所说的最精湛的话语之一。父神没有理由不爱祂。祂顺服以至于死，祂从未悖忤父的律法，丝毫不差地行在完全顺服的道上。我们却绝然不同。尽管我们反叛、愚昧，神说如果我们信基督，圣父就爱我们如同爱圣子。惊人的爱！奇妙的爱！神居然爱我们如同爱祂的独生儿子，实在难以置信，但耶稣基督就是如此教导的。

> 神的爱不仅不改变，而且恒久不衰。

要让罪人相信神的爱永不改变确实很费力。当某人偏离神，他认为神恨恶他。我们必须在罪和罪人之间划清界线。神爱罪人，但憎恨罪[2]。祂憎恨罪，是因为罪使人堕落。神憎恨罪，正是因为神爱罪人。

神的爱恒久不息

神的爱不仅不改变，而且恒久不衰。《以赛亚书》四十九章15-16节："妇人焉能忘记她吃奶的婴孩，不怜恤她所生的儿子？即或有忘记的，我却不忘记你。看哪，我将你铭刻在我掌上，你的墙垣常在我眼前。"

---

[2] 原注：尽管这是圣经教导的，也有经文表明神恨恶罪人，如《诗篇》五篇5节：狂傲人不能站在你眼前；凡作孽的，都是你所恨恶的；还有《诗篇》七篇11节：神是公义的审判者，又是天天向恶人发怒的 神。

无法测度的爱

我们知道母爱是人间最强烈的爱。一个男人可以因很多事和他的妻子分手。父亲有可能背弃自己的孩子,兄弟姐妹有可能成为冤家。夫离妻或妻离夫,母爱却历经艰辛不衰。孩子声誉是好是坏,甚至在全世界面前遭受谴责,一个母亲依然爱她的孩子,并盼望他能弃恶从善,全心悔改。她记得那婴儿的微笑,童年时的欢笑,青春的盼望;她绝对不会认为他分文不值。死亡都不能泯灭一个母亲的爱,母爱胜过死亡。

你曾经目睹一个母亲如何照顾她生病的孩子。如果能使孩子好起来,她甚至愿意将病挪到自己身上!周复周,日复日,她一直自己照顾,不让其他人来照顾这个病孩子。

不久以前,我的一位朋友去拜访一个很漂亮的家,在那里他见到好多朋友。大家都散去后,他想起有东西落在那家,就回去取。进屋后,他看到那家的主妇,一个很有钱的妇人,坐在一位看上去像个乞丐的汉子身后。这是她的亲儿子。像圣经里的浪子,他也离家出走了,然而,母亲说,"这是我的儿子,我依然爱他。"倘若一个母亲有九或十个孩子,若其中有一个误入歧途,与剩下的子女比,她似乎更关爱这个孩子。

纽约州的一位著名牧师曾经讲给我一个故事。说是有个父亲,是个恶人。母亲竭尽全力不让儿子学他的父亲,无奈父亲的影响力超过她的努力。父亲带儿子行了各样的罪,最终,儿子变成一名十恶不赦的罪犯。他成了杀人犯,遭审判。整个审判过程中，这位寡母（父亲已经死了）一直坐在法庭里。证人作证反对这男孩时，母亲看起来比儿子更痛苦。当他被裁定有罪，并判死刑，每个人都认为罚当其罪，对结果表示满意。但是，这母亲的爱永不衰亡。她恳求缓刑，遭法院否决。儿子被枪决后，她要求将尸体取回下葬，但是这个请求也被拒绝。按规定，他被下葬在监狱的墓地里。没过多久，母亲也去世了。但在她去世前，她表达了一个愿望：将她的遗体安葬在儿子的墓旁。她不以自己是杀人犯的母亲为耻。

还有一个故事，讲的是一位苏格兰的年轻姑娘，离家出走，流落在格拉斯哥（Glasgow）街头。她母亲找遍全城，一无所获。最后，她把自己的画像挂在"午夜之家"(Midnight Mission)的房间里 ——那里常有无家可归的妇女宿夜。许多妇女对画像只是瞥了一眼，但有一位年轻女子，在画像前徘徊许久。从俯视她的画像，年轻女子认出了那张在她童年时熟悉的可亲的脸。这母亲没有忘记，也没有放弃她犯了罪的孩子，不然的话，她不会把自己的画像挂在这些墙上。画像中的她似乎张开嘴，轻轻地说，"回家吧；我原谅你，依然爱你。"顿时，年轻姑娘百感交集，彻底崩溃。她是一位浪女。看到她母亲的脸使她心碎。她真切地为自己的罪忏悔。怀着一颗充满悲伤和耻辱的心，姑娘回到了被她遗弃的家。母女俩再次团聚。

无法测度的爱

但是，我要告诉你，任何母爱都无法与神的爱相比；它达不到神的爱的高度和深度。在这世上，没有一个母亲爱她的孩子如同神爱你、我一样。思想一下，神的爱是如此之大，居然献上自己的儿子为世界而死。我过去常常把基督放在心里，对父神却不怎么想。不知何因，我曾经有个念头，神是个很严酷的法官，而基督来到我和神之间，是为了让神不发怒。后来，我自己成了父亲，好多年就只有一个儿子。我瞧着我的男孩儿，想到父神居然献上自己的儿子去死，这样看来，比起子去死，父需要有更大的爱。

哦，神一定非常爱世人，甚至赐下祂的独生子为我们而死! *神爱世人，甚至将他的独生子赐给他们，叫一切信他的，不至灭亡，反得永生*（约 3:16）。我一直未能以此经文来讲道。我常以为我能够，但它的涵意如此之高，我永远无法攀登到它的高度。讲道时，我就稍稍引用这段经文，然后跳过去，继续往下讲。谁能够测度这句经文的深度：*神爱世人?* 我们永远无法测度神爱的高深。保罗祷告他也许能知道神爱的长阔高深，但他知道，这实在超过了他所能测度的。*并知道这爱是过于人所能测度的*（弗 3:19）。

> 没有比基督的十字架更能向我们诉说神的爱了。

没有比基督的十字架更能向我们诉说神的爱了。跟我一起到髑髅地，仰望悬挂在那十字架上的神子。 你能听到祂垂死的嘴唇发出刺心的呼喊吗，*天父，宽恕他们； 因为他们不知*

道他们在做什么，还说祂不爱你？人为朋友舍命，人的爱心没有比这个大的（约15：13）。但是，耶稣基督为祂的敌人舍命。

另一个想法是：甚至早在我们想到祂之前，祂就已经爱我们了。在圣经中，你找不到这样的理念：即惟有当我们首先爱祂，祂才会爱我们。《约翰一书》四章10节这么写：不是我们爱神，乃是神爱我们，差他的儿子，为我们的罪作了挽回祭，这就是爱了。早在我们甚至会想到爱祂之前，祂就已经爱我们了。在你的孩子对你的爱一无所知之前，你就爱他们了。同样，远在我们想到神之前，我们就已在祂的思念中。

是什么使浪子回家？是父亲爱他的念头。倘若有消息传来说，父亲不再认他为子，生死不问，难道他还会回去？当然不会！但是，他突然想到他的父亲仍然爱他，他就立马起身回家了。

亲爱的读者，天父的爱应该把我们带回祂身边。正是亚当的罪祸彰显了神的爱。当亚当堕落时，神就来怜悯他。倘若有人失丧，不是因为神不爱他，而是因为他抗拒了神的爱。

是什么使天堂有吸引力？是珍珠门还是黄金街？不。天堂有吸引力，是因为我们会在那里看到天父，那位如此爱我们，甚至赐祂的独生子为我们而死的神。家为什么有吸引力？是漂亮的家具和豪华的房间吗？不，有些家虽有这些，但却像涂上了白颜色的坟墓。在布鲁克林（Brooklyn），有一位母亲病入膏肓，快要死了。很有必要把她的孩子从她身边带走；因为这小女孩不懂母亲病的严重性，况且她又不愿她的母亲独处。每个晚上，那女孩子在邻居家哭到睡着为止，因为她想回到母亲身边。可是，母亲的病情越来越严重，他们不能把孩子带回家。最后，母亲死了。她死后，他们想，最好不要让这孩子看到躺在棺材里死去的母亲。直到母亲下葬后，他们才把孩子带回家。这小女孩从一个房间跑到另一个房间，哭着喊："妈妈！妈妈！"找遍了整个家。当小女孩在家找不到亲爱的母亲，她就哭着要回邻居家。因此，是什么让天堂有吸引力，是我们将见到基督耶稣，祂爱我们并为我们舍命。

你若问我为什么神爱我们，我也说不上来。我想，这是因为祂是一位真正的父神，爱是祂的本性，正如太阳的本性是发光。祂希望你来分享这份爱。不要让不信使你远离祂。不要认为，因为你是个罪人，神不爱你也不关怀你。祂爱你！祂要拯救你，祝福你！

因我们还软弱的时候，基督就按所定的日期为罪人死（罗 5：6）。这还不足以让你相信祂爱你吗？ 如果祂不爱你，祂不会为你而死。你的心是否刚硬到可以抵挡祂的爱，唾弃和蔑视它？ 你可以这么做，但你在冒险。

我可以想象，有些人会自言自语："是的，我们相信神爱我们，假如我们爱祂。我们相信神爱纯洁和圣洁的人。" 我的朋友，神不仅爱纯洁和圣洁的人，而且也爱我们——当我们仍然不敬虔的时候。 惟有基督在我们还作罪人的时候为我们死，神的爱就在此向我们显明了（罗 5：8）。神差遣祂为世人的罪而死。如果你属于这世界，你就可能在基督的十字架上所展示的这种爱中占有一席之地。

《启示录》一章5节对我来说意义重大：祂爱我们，用自己的血使我们脱离罪恶。人们可能会认为神会先清洗我们，然后再爱我们。不，是祂先爱我们。大约八年前，整个美国都为一个四岁的孩子查理·罗斯（Charlie Ross）被绑架而震撼[3]。有两个人，驾着一辆马车，问查理和他兄长要不要吃糖。结果，他们把查理带走了，却留下他的兄长。多年来，每个州和管辖地都进行了搜索。有人甚至到过英国、法国和德国寻找。但都无功而返。母亲仍然希望能活着见到失散已久的查理。直到加菲尔德（Garfield）总统遭暗杀[4]，我不记得任何事件能使整个国家如此动荡不安。

好吧，假设在一次佈道会上，查理的母亲坐在讲台上。当传教士讲话时，她碰巧在观众席上看到了她失散多年的儿子。假设他贫穷、肮脏、衣衫褴褛、光着脚、光着膀子，她会怎么做？她会不会等到他洗完澡，穿得体体面面的时候才认他？当然不会，她会立刻从台上奔下来，冲向他，将他拥入怀中。然后，她会帮他洗澡，穿衣服。神也是如此。祂爱我们，洗净我们。我可以想象有人会问："如果神爱我，为什么祂不直接让我变好？"神所要的是祂的儿女们在天堂；祂不

---

[3] 查理·罗斯（Charlie Ross）被绑架之事件发生在 1874 年。当时轰动全美国。至今尚未结论。

[4] 加菲尔德总统（President Garfield, 1831 – 1881）是美国第二十任总统，1881年三月上任，九月遇刺身亡。

要机器或奴隶。祂当然可以将我们顽固的心打碎,但祂想用爱的绳索将我们牵引到祂身边。

祂要你在神羔羊的婚筵上与祂同坐,祂要洗净你,使你比雪还白。祂希望你与祂同走在天堂水晶般的道上——那个遥远的幸福世界。祂想收养你进入祂的家庭,让你成为天堂的儿子或女儿。你是将祂的爱践踏在脚下,还是将自己一次并永远地献给祂?

当可怕的南北战争正在进行时,一位母亲得到消息,她的儿子在莽原之役(The Battle of Wilderness)[5]中负伤。她搭上第一班火车,出发去见她的孩子;尽管作战部已经发出命令,不允许再让女性进入战线之内。但这命令对母爱来说无用,她用泪水和恳求过了各个关口。最后,她找到了她儿子所在的战地医院。然后,她找到医生,她对医生说:"你能让我去病房照顾我的孩子吗?"

> 你是将祂的爱践踏在脚下?

医生说:"我刚让你儿子睡着了,他的情况非常糟糕。我怕你会弄醒他,他会太激动,会由于激动而死掉。你最好在外面等一会儿,等我见机慢慢告诉他你来了这个消息。"

母亲盯着医生的脸,说:"医生,如果我的孩子醒不过来,我就再也见不到他活着了!让我坐在他身边,我不会跟他说话。"

---

5 莽原之役(The Battle of Wilderness)爆发於1864年5月5日—7日。是美国南北战争的一场大战。

天路

"如果你不和他说话,你就去看他吧。"医生说。

她悄悄来到儿子的病榻边,看着她儿子的脸。太久了,她多么渴望看他一眼!当她凝视他的脸时,她的眼睛闪闪发光!当她走得足够近时,她无法把手揣起来。她就把那温柔、充满爱的手放在儿子的额头上。手一碰到额头,眼睛都没睁开,儿子就喊道:"妈妈,你来了!"他知道那充满爱的手的触摸。那手充满了爱和怜恤。

哦,罪人;如果你感受到耶稣慈爱的触摸,你会认出它;它充满柔情。世界可能对你不友善,但基督永远不会。在这个世界上,你永远不会有比耶稣更好的朋友。你需要的,是今天就来到祂面前。让祂慈爱的膀臂拥抱着你;让祂慈爱的手抚摸你。祂会用强大的力量托住你。祂会保守你,用祂的温柔和慈爱充满你的心。

我可以想象你们中的一些人会问:"我怎么去到祂那里?"那还用问,就像你去找你母亲一样。你是否曾给你母亲造成很大的伤害,犯了很大的错误?如果是这样,去对她说:"妈妈,我要你原谅我。"以同样的方式对待基督。今天就去祂那里,告诉祂,你不曾爱祂,你不曾正确对待祂;承认你的罪,看看祂会多快地祝福你。

我想起了另一件事——一个年轻人被军事法庭审判,并下令被枪决。听到这个消息,他父母的心都碎了。那家有个小女孩。她读过亚伯拉罕·林肯的生平,她说:"如果亚伯拉罕·林肯知道我父母有多爱他们的儿子,他就不会让我哥哥被枪杀。"她想让父亲去华盛顿为他的儿子求情。父亲说："不，没有用；法律必须执行。他们已经拒绝赦免一两个被军事法庭判刑的人，况且，总统已经下令不再干涉。如果一个人被军事法庭判刑，他必须承担后果。"这一对父母没有信心儿子会被赦免。

但是，这个小女孩充满了希望。她从老远的佛蒙特州登上火车，向华盛顿市出发。当她来到白宫，站岗的士兵们不让她进去。她就把家里的悲惨经历讲给士兵们听，他们就放她进去。她来到总统秘书室，秘书把她挡在总统的办公室外。小女孩就讲了她的故事，秘书的心也被打动了，他就让她进去。当她走进亚伯拉罕·林肯的房间时，美国参议员、将军、州长和政要们都聚在那里，正要讨论有关战争的重要事务。但是，林肯总统碰巧看到那个女孩子站在门口。他想知道她要什么。小女孩直接走到他跟前，用她自己的话讲了她的故事。林肯也是个做父亲的，听了小女孩的故事，粒大的泪水从他的脸颊上滴落下来。他即刻写了一封信送到军队，让那个年轻人立即被送到华盛顿。年轻人到达后，林肯总统就赦免了他。为了让他父母亲开心振作起来，还给了他三十天的假期，把他和小女孩一起送回家。

你想知道如何归向基督吗？就像那个小女孩去见亚伯拉罕·林肯一样。你也许有一个黑暗的故事要讲。把它全部讲出来，毫无保留。如果亚伯拉罕·林肯能同情那个小女孩，回应她的恳求，你想主耶稣会不听你的祷告？你认为亚伯拉罕·林肯，或任何一个生活在地球上的人，都如同基督一样富有同情心？不！当没有人会同情你，祂会同情你。当没有人会怜悯你，祂会怜悯你。当没有人会哀怜时，祂会哀怜。倘若你直接去找祂，承认你的罪和需要，祂会拯救你。

一些年前，有个人离开英国去了美国。他是英国人，后归化为美国公民。几年后，他身心疲乏，对现状不满，就去了古巴。他在古巴待了一段时间后，那里爆发了内战[6]。那是1867年，这名男子被西班牙政府以间谍身份逮捕。他被军事法庭审判，被判有罪，并判处枪决。整个审判都是用西班牙语进行的，这可怜的家伙语言不好，一头雾水，不知道发生了什么。

当他们告诉他判决结果，他被判有罪并被判处枪决后，他要求到美国和英国大使馆面诉。他把整个案子摆在使馆人员面前，证明自己是清白的，并要求保护。使馆审查了这个案子后，发现这个被西班牙军官们判处枪决的人完全是无辜的。他们去见西班牙将军，说："瞧，这个被你判处死刑的人是无辜的，他没有罪。"

但这位西班牙将军说："他受到我们的法律审判。他被判有罪，他必须死。"由于当时没有电缆可以发送电报，使馆的人无法与他们的政府协商。

清晨来临，该男子将被处决。他被推车带出来，坐在他的棺材上，被带到行刑的地方。坟坑挖好后，士兵们把棺

---

[6] 古巴自1511年起为西班牙的殖民地，直到1898年西班牙放弃主权。期间，要求独立的战争连年不断。

材从车里卸下来,让那人坐在上面,然后用一个黑色的兜帽盖住他的脸。西班牙士兵们就等着开枪的命令。正在这时,美国和英国的领事骑马赶过来了。英国领事跳下马车,拿起联合杰克(Union Jack),既英国国旗,裹在那人身上。美国领事把星条旗裹在他身上。然后,领事们转过身来,面向西班牙军官,说:"如果你有胆,就向这些旗帜开火。"那些西班牙官兵们不敢向这些旗帜开火。因为,这旗帜背后有两个伟大的政府。这就是秘密所在。

祂带我入筵宴所,以爱为旗在我以上……祂的左手在我头下;祂的右手将我抱住(歌 2: 4, 6)。感谢神,如果我们愿意的话,我们今天就可以在这旗下。今天,任何可怜的罪人都可以来到这旗帜之下。祂爱的旗帜在我们之上。有福祉的福音;祝福,宝贵的消息。今天就信;接受它,让它进入你的心,进入新的生命。今天,让圣灵将神的爱浇灌在你的心中(罗 5: 5)。它将驱逐黑暗。它将驱散阴霾。它将驱除罪恶。平安与喜乐将属于你。

第二章

天国之要道

人若不重生,就不能见神的国 (约 3:3)

这段经文,可能是我们所知道的神话语中最熟悉的一句话。如果,我问任何听众,他们是否相信耶稣基督教导了重生的教义,十之有九会说,"是的,我相信祂是这么教导的。"

这段经文呈现了我们所面临的最严肃的问题之一。我们可以在很多事情上受骗,但不能在这件事上受骗。基督说得很清楚。祂说,人若不重生,就不能见神的国。因此,重生的教义是我们对来世所有希望的根基。它确实是基督教的基础知识。我的经验是,如果有人在这个教义上模棱两可,那么他对圣经中所有其他基本教义都不置可否。真正理解这个教义,将帮助一个人在他遇到神的话语时,解决可能有的众多困难。以前看起来似乎很黑暗很神秘的东西,会变得豁然开朗。

重生的教义让所有错误的宗教恼恨——所有关于圣经和神的错误观点。我的一个朋友曾经告诉我,一次主日聚会后,有个人带着一长串问题来找他,他说:"我已经打定主意,要是你能回答这些问题,使我满意,我就成为一名基督徒。"

"你不认为,"我的朋友说,"你最好先到基督这里来?然后你可以研究这些问题。" 那人想,也许最好这样做。在接受了基督之后,他再来看那一长串问题,似乎所有的问题都有了解答。

尼哥底母(Nicodemus)怀着忧愁的心来见基督[7],基督对他说,你们必须重生。他得到的接待和回答与他预期的完全不同。(参 约3) 但我认为,那是他一生中最有福的夜晚。重生,乃是我们在这个世界上将能得到的最大祝福。

看看圣经怎么说。若非一个人重生,或从圣灵生。 我们发现,"若"(Unless)这个字在圣经出现许多处,我这里只列举三处:你们若不悔改,都要如此灭亡(路13: 3, 5)。你们若不回转,变成小孩子的样式,断不得进天国(太18: 3)。你们的义若不胜于文士和法利赛人的义,断不能进天国(太5: 20)。说的都是同一个意思。

我很感谢我们的主是对这位犹太人的领袖、犹太律法的博士讲重生,而不只是对撒玛利亚井边的妇人、税吏马太或撒该说的。若祂将这件事关重大的教导留给后面这三个人,或者诸如此类的人,人们会说:"哦,那当然啰,

---

[7] 有关尼哥底母的故事,见《约翰福音》三章。

这些税吏和妓女当然需要悔改。可我是一个正直的人，我不需要归正。"尼哥底母是耶路撒冷犹太人中的精英；史上没有任何有关他的不良记录。

我想，我几乎没有必要证明我们需要重生才能进天堂。我敢说，除非他从圣灵生，没有一个诚实的人会说他已经有资格进入神的国度。圣经教导我们，人，以本性而言，是失落和有罪的。我们的经验亦证实这一点。我们知道，即使最好、最圣洁的人，一但背离神，很快就会陷入罪中。

> 我想，我几乎没有必要证明我们需要重生才能进天堂。

现在，我来谈谈重生不是什么。它不是去教堂。很多时候，当我见到人时，我会问他们是否是基督徒。"是的，我当然是喽；我每个星期天都去教堂。"啊哈，但这不是重生。

还有人说，"我正在努力行善——我不是基督徒吗？这不是重生吗？"不，这与重生有什么关系？还有一类人——那些"弃旧图新"的人，也认为自己得了重生。不，图新并非重生。

即使受了洗对你也没有任何用处。但你听到人们说："不是吗，我受洗了，我受洗时就重生了。"他们如此相信，是因为他们以为受洗进入教会，也就受洗进入神的国。我告诉你，这完全是两码事。你也许受洗加入教会，但没有受洗归入神的儿子。受洗本是无可非议的——若我就受洗说任何恶语，求神鉴察。但是，若你把受洗与重生相提并论——取代新生——这可是个致命的错误。你不能靠受洗进入神的国。人若不重生,就不能见神的国。若有人在阅读本文时将希望寄托在其他任何东西上——或任何其他根基上——我祈祷神将这些东西扫除涤荡。

另一群人说:"我参加主的晚餐;我常领受圣餐。"神祝福的圣餐!耶稣说过,每当你这样行,你当纪念祂的死。但那不是重生;不是出死入生。耶稣说得很明白,而且明白无误。人若不重生,就不能见神的国。圣餐与此有何关系?去教会与重生有何关系?

一个人走过来,说:"我常常祷告。"我说,祷告也并非与从圣灵生的等同。这是一个摆在我们面前非常严肃的问题,每个读者都当认真而信实地问自己:"我重生了吗?我是从圣灵生的吗?我是否已经出死入生了?"

有一群人说,对某些人来说,特别的聚会非常好。它们的确会非常好:如果你能把酒鬼弄到那里,把赌棍弄到那里,或者把其他恶人弄到那里——那会有很大的好处。但是,"我们不需要归正,"他们说。基督对谁说出这些智慧的话?尼哥底母。尼哥底母是谁?他是酒鬼、赌徒还是小偷?不!毫无疑问,他是耶路撒冷最优秀的人之一。他是一位德高望重的领袖。他属于犹太公会(Sanhedrin)[8]。他的地位非常高。他是一个虔诚的人。他是最有智慧的人之一。然而,基督对他说了什么?人若不重生,就不能见神的国。

8　犹太公会(Sanhedrin)是古代以色列的立法议会和最高法院。

但是，我可以想象有人会说："我该怎么办？我无法创造生命。我当然无法自救。"你当然不能，我们也不声称你可以。我们告诉你，任何人，没有基督，就绝对不可能变得更好；但这偏偏就是人们正在努力做的事情。他们试图修补"老亚当"的本性。然而，必须要有新的创造。重生是新造的，若是新造的，必定是神的作工。在《创世记》第一章，人类还没有出现。除了神之外，没有人。人没有参与创造。神创造地球，仅祂而已。基督救赎世界，仅祂而已。

从肉身生的就是肉身，从灵生的就是灵（约 3：6）。古实人岂能改变皮肤呢？豹岂能改变斑点呢？（耶 13：23）若能这样，你不妨在没有神的帮助下，使自己变得纯洁和圣洁。你若能行，就如一个人能改变他的肤色一样容易。一个人若能以肉身侍奉神，不妨尝试跳过月亮。所以，从肉身生的就是肉身，从灵生的就是灵（约 3：6）。

> 我们作工是因为我们得救了；我们不是为了得救而作工。

神在这一章告诉我们如何进入祂的国度。我们不以自己作工得拯救，倘若可能的话，救赎当是值得作工而获。我们都承认这一点。假如去天国路上仅是河流和山脉，游过那些河流，爬过那些山，也是值得的。毫无疑问，救恩是值得所有的努力，但是，那不是靠我们的行为能获得的。惟有不作工的，只信称罪人为义的神（罗 4：5）。我们作工是因为我们得救了；我们不是为了得救而作工。我们因十字架作工，不是以作工得十字架。就如圣经上所写，为了作成你的救恩，就当恐惧战兢（腓2：12）。你必须先得到你的救恩，然后才能成圣。

假定，我对我的小男孩说："那一百美元，我要你小心地花费。"

"好吧，"他说，"先给我这一百美元，我会小心地花费。"

我记得我第一次离家去波士顿的时候。我把带的钱都花光了，每天去三趟邮局，看看有没有从家里来的邮件。我知道从家里来的邮件一天只有一次，但我想，或许可能碰上有一封给我的信。最终，我收到了我妹妹的一封来信。收到了这封信，就别提我有多高兴了。听说波士顿有很多扒手，我妹妹的那封信，结果大部分是敦促我要非常小心，不要让小偷扒我的口袋。但是，在我口袋被人扒之前，首先口袋里要有东西。同样，你必须先得救恩，然后才能成圣。

当基督在各各他山大喊："成了！"祂心口如一。人们现在要做的，就是接受耶稣基督的圣工。假如想靠自己努力来争取救恩，就没有希望。我可以想象，像尼哥底母那样，有些人会说："这件事真是不可思议。"我看到那法利赛人皱着眉头，说："怎能有这样的事？"他搔头抓耳。"重生，从圣灵生！怎么可能有这样的事？"

很多人说，"你必须讲出道理；如果你讲不出道理，甭叫我们相信它。"我可以想象，很多人会这么说。你要我讲出道理，我真诚地告诉你，我做不到。风随着意思吹，你听见风的响声，却不晓得从哪里来，往哪里去；凡从圣灵生的，也是如此（约 3:8）。风为何物，我所知有限。你要我解释风，我不能。它也许在这里向北吹，而在一百英里之外向南吹。也许，我上到几百英尺高，发现它吹的方向与下面这里完全相反。你要我解释风的这些气流，我既不理解又无法解释，但是，我难道能强词夺理，耍赖，说："根本没有风这样的东西。"

我可以想象，某个小女孩会说："我比那个人更知道风；我常听到风声，感觉到它吹在我脸上。"她可能会问："那天，不是风把我手里的伞吹走了吗？我不是看到，它在街上吹掉一个男人的帽子吗？我不曾看到，它吹过森林里的树木和农田里的玉米杆？"

你若对我说，人不可能从圣灵生，那就不妨告诉我，没有风这样的东西。我曾感受到神的灵在我心中作工，就像我曾感受到风吹在我脸上一样的真实。我无法解释。世上有很多事情我无法解释，但我相信。我永远无法推理出创造。我可以看到世界，但我无法解释，神是如何从无到有创造出世界。然而，几乎每个人都承认有创造力的存在。

有很多事情我无法解释也无法推理，但我相信。我曾听一位商务旅客说起，他曾听说耶稣基督的事工和基督教是关乎启示的，而不是研考的事。保罗说，然而神……乐意将他的儿子启示在我心里（加 1:15-16）。有一群年轻人，一起去乡下。在途中，他们打定主意，不相信任何无法推理的事情。一位老人听见了，便对他们说："我听说，你们说凡是不能推理出来的东西，你们都不会相信。"

"是的,"他们说,"就是这样。"

"好,"他说,"今天,从火车上下来,我注意到一些鹅、羊、猪和牛都在吃草。你们能告诉我,通过什么样的过程,同样的草,却变成毛发、羽毛,鬃毛和羊毛?你相信这是事实吗?"

"哦,是的,"他们说。"尽管我们无法理解,我们不能不相信这是事实。"

"同样,"老人说,"我不能不信耶稣基督。"

我不得不相信人的重生——当我看到那些被神拯救的人,当我看到那些被神重造、被神改变、被圣灵赐予新心的人。难道不是一些最坏的人已经重生了——他们的脚从泥坑里拔出来放在磐石上[9],他们的嘴里放着一首新歌?他们的舌头过去用来咒骂和亵渎,但现在他们用来赞美神。旧事已过,都变成新的了(林后 5:17)。他们不仅被重造,而且重生。他们是在基督耶稣里新造的人。

> 我想,如果你想靠近地狱,你应该去一个可怜的酒鬼家。

在我们某个大城市的黑暗小巷里,有一个可怜的酒鬼。我想,如果你想靠近地狱,你应该去一个可怜的酒鬼家。去那个可怜的酒鬼家。地球上还有比这更像地狱吗?瞧瞧,在那里主宰的是匮乏和痛苦。但是听着!门口传来脚步声,孩子们跑着躲藏起来。耐心的妻子等着和丈夫见面。那男人一直是她的煎熬。多少时候,她都是他的出气筒。多少次,那

9　指的是基督耶稣。

粗壮的右手落在她毫无自卫的脑袋上。现在,她等着,期待听他的咒骂、遭受他的虐待。他走进来,对她说:"我去参加了聚会。在那里,我听说,如果我转向神,我就可以归正。我相信神能够拯救我。"

过几周后再去那所房子。多么大的变化!当你走近时,你听到有人在唱歌。这可不是哪位参加派对者唱的歌,而是那古老的赞美诗"永久磐石"[10](Rock of Ages)。孩子们不再害怕这个人,而是围在他的膝盖旁。他的妻子在他身边,她的脸上洋溢着幸福的光芒。这难道不是一副重生的画面?我可以带你去很多这样的家庭,因基督福音的重生力量而喜乐。人们需要的是战胜试探的能力,过敬虔生活的能力——而这种能力存在于神的圣灵中。

进入神国的唯一途径就是出生在其中。美国的法律规定,总统必须是出生在这个国家。当外国人进入我们的国土,他们无权抱怨这项禁止他们成为总统的法律。既然如此,神难道没有权利制定一项法律,要求所有凡承受永生的人都必须出生在祂的国度里吗?

一个未得重生的人,宁愿下地狱也不愿上天堂。取一个满心败坏邪恶的人,把他放在天上,在纯净者、圣洁者、救赎者之中,他不会想要呆在那里。当然,如果我们要在天堂喜乐,就必须开始在地上活出天堂。天堂是为有准备的人预备的地方。如果一个赌徒或亵渎者被带出纽约街头,放

---

10 "永久磐石"(Rock of Ages) 是传统圣诗,由英国牧师托普拉迪(Augustus Toplady, 1740-1778)所作。

在天堂的水晶路上和生命树下,他会说:"我不想留在这里。"人若按照本性被带到天上,内心未得重生,天上就会再有一次叛逆。天堂是由重生的人组成的。

在《约翰福音》三章 14-15 节我们读到,摩西在旷野怎样举蛇,人子也必须照样被举起来,叫一切信他的人都得永生。一切信他的人!——关注这话!让我告诉那些尚未得救的人,神已经为你做了什么。为了你的救赎,祂已经做了祂所能做的一切。你不需要等待神做更多的事情。在圣经的某一处,祂问祂还能做什么。我为我的葡萄园所作之外,还有什么可作的呢?(赛 5:4)。祂差遣祂的先知,他们杀了先知;然后,祂差遣祂的爱子,他们杀了祂。现在,祂差遣圣灵来说服我们认罪,并告诉我们如何才能得救。

本章告诉我们如何得救:即靠被举在十字架上的那一位得救。摩西在旷野怎样举铜蛇,人子也必照样被举起来;叫一切信他的,不至灭亡,反得永生。有人抱怨说,要为六千年前的一个人的罪负责,是很不合理的。不久前,就有个人跟我谈论这种他所认为的不公正。如果一个人会这样回应神,我告诉你,这对他没有任何好处。假如你失落了,那并不因为是亚当的罪。

让我举例来说明一下,这样,也许你会更好地理解它。假设,我得了肺结核,是我从父母亲那里传染的。我现在濒于死亡。假设,我患上这种病,不是因为自己的过错或对健康的疏忽，而是从父母亲那里继承下来。碰巧，有个朋友来看我；他看着我，说："慕迪，你病得不轻。你得了肺结核。"

我回答说："我知道。我不用任何人告诉我。"

"但是，"他说，"有个药方可以医治。"

"是吗，我不相信。我看过本国和欧洲的顶尖医生，他们告诉我没有希望。"

"不过，你知道我，慕迪；你认识我很多年了。"

"是的，没错。"

"那你觉得，我会跟你说谎吗？"

"当然不会。"

"那好，十年前，我和你一样病得不轻，医生都放弃了，就等死。但是，我吃了这个药，它治好了我。我现在完全好了。你看我。"

我说，"你这个病例非常不寻常。"

"是的，也许很不寻常，但这是事实。这药治愈了我；服用此药，它会治愈你。虽然，我付出了很多代价，你不用花费任何东西。不要轻看，求求你了。"

"这么说吧，"我说，"我愿意相信你，但这实在不合我的推理。"

听到这句话，我的朋友离开了。过后，他带了另一个朋友回来。那位朋友也为这事作证。我仍然不信，他就又离开了，带来另一个朋友；然后，一个接一个，他们都为这事作证。他们都说和我一样病得不轻，但服用了介绍给我的药，结果都痊愈了。然后,我的朋友把药递给我。我马上把药扔到地上。我不相信它的药力,结果我死了。理由嘛,是我拒绝了救药。

所以,如果你灭亡,不是因为亚当堕落了,而是因为你拒绝了拯救你的救恩。你选择黑暗而不是光明(约3:19)。我们若忽略了这么大的救恩,怎能逃罪呢?(来2:3)你若忽略救恩,你就毫无希望。看着创伤是没有用的。比方我们在以色列人的营地里,被火蛇咬伤,单看创口百无一用。光盯着伤口救不了任何人。你必须看着救恩——仰望那位有能力将你从罪恶中拯救出来的主。

看看《民数记》二十一章6-9节所描绘的以色列人营的场景!许多人,因为无视神所赐的救药,而正在死去。那干旱的沙漠中有许多小坟墓;众多孩子被火蛇咬死。父母亲正在埋葬他们的孩子。在那边,他们正在埋葬一位母亲;一位深爱的母亲即将被埋葬在土下。

> 你若忽略救恩,你就毫无希望。

一家人哭泣着,围在心爱的死者周围。你听见悲哀的哭声;你看到苦涩的泪水。父亲被抬到他最后的安息之地。营地里到处都是哀哭声。万人已逝,遍地哀嚎;更有数千人濒临死亡,如瘟疫蔓延营地。

在一个帐篷里,我看到一位以色列母亲弯下腰,俯身望着自己心爱的儿子。这男孩刚步入成年,生命正当绽放。她正在抹去儿子额头上的汗珠,那不断积聚的死亡汗珠。很快,他的眼睛变得凝滞,生命正在迅速消亡。母亲的心弦撕裂,流血。突然间,她听到营地里传来一阵嘈杂声。接着,一声大喝轰然响起。这是干什么?她走到帐篷门口。"营地里什么噪声?"她问路过的人。

有人说:"我的好妇人,你没有听到营地的好消息吗?"

"没有啊,"妇人说。"好消息!什么好消息?"

"怎么,你没听到吗?神提供了一个救药。"

"什么!为被咬的以色列人?告诉我是什么救药!"

"哦,神吩咐摩西制造一条铜蛇,把它挂在营地中央的一根杆子上。祂已经宣布,凡望它的就必活。你听到的喊叫是民众的呼喊,当他们望见蛇被举起来了。"

母亲回到帐篷,说:"孩子,我有个好消息要告诉你。你不必死!我儿,我儿,我带来了好消息,你可以活下去!"他很惊讶,但他虚弱到无法走到帐篷门口。母亲把她强壮的手臂放在他身下,将他扶起。"看那边,看那边山下!"

但男孩什么也没看见。他说:"我什么也没看见;是什么,母亲?"

她说:"继续找,你会看到的。"终于,他瞥见了那条闪闪发光的铜蛇,就那一望,他立刻痊愈!

众多初信的归信者也是如此。但还是有人说,"我们不相信刹那间的归正。"治愈那个男孩用了多长时间?治愈那些被蛇咬的以色列人要多久?只是单单一望,他们瞬间痊愈。

那个希伯来男孩就是一个初信的归信者。我可以想象,他正在召唤所有同在的人赞美神。他看到另一个年轻人像他一样被蛇咬,他跑到年轻人身边告诉他,"你不必死。"

"哦,"年轻人回答说,"我活不了;这不可能。以色列没有医生能治好我。"他不知道他不必死。

"你没有听到这个消息吗?神已经赐下救恩。"

"什么救恩?"

"神吩咐摩西举起一条铜蛇,说,凡仰望那蛇的必不死。"

我可以想象那个年轻人。他可能就是你所说的有学问的人。他对初信的归信者说:"你以为我会相信这样的事,是吗?如果以色列的医生不能治愈我,你怎么会认为杆子上的一条古铜蛇能治好我?"

"为什么,我可是和你一样病重!"

"你别这么说!"

"是的,我说的一点不错。"

"这可是我听过的最出人意料的事,"年轻人说。"希望你能解释一下它是如何运作的。"

"我不能。我只知道我望了那蛇,我就被治愈了。就这样。我只是看了一眼;仅此而已。我母亲把在营地里听到的消息告诉我,我相信我母亲说的。我现在完全康复。"

"这样吧,我不相信你被咬得像我一样严重。"年轻人挽起袖子,"瞧!那个伤口是我被咬的地方。我告诉你,我被咬得比你厉害多了。"

"再说吧,假如我知道它是如何运作的,我也许就会望,好起来。"

"你根本不必全部理解;只要仰望就存活。"

天国之要道

"但是,你要我做一件不合常理的事。如果神说,拿铜器把它擦在伤口上,铜器里也许有东西可以治愈咬伤。伙计,给我解释一下到底是怎么回事。"

在我面前,我常常看到这样说话的人。於是,那治愈的年轻人叫来了另一个人,把他带到帐篷里,然后说:"告诉他,主是如何拯救你的吧"。那人讲了同样的故事。他又召来其他人,他们都说了同样的经过。

年轻人说这真是一件很怪的事。"如果耶和华吩咐摩西去取些药草或根茎,把它们炖煮,然后把浓汤当药吃,那浓汤里也许有些成分可以治病。但光看蛇这种事是违背自然规律的,我做不到。"

"仰望,活着!"

最后,他那一直在营地的母亲进来了,她说:"我的孩子,我有世上最好的消息要告诉你。我在营地里,我看到数百人已奄奄一息,他们现在都彻底康复。"

青年道:"我想康复,想到死真是很痛苦。我想进入应许之地;死在这旷野里,太可怕了。但事实是,我不明白这个疗法。它没有任何道理。我无法相信我会在一瞬间康复。"结果,这个年轻人因不信而夭亡。

神为这个被咬伤的以色列人提供了一种救药:"仰望,活着!" 永生,赐给每个可怜的罪人。仰望,你就可以得救,我的读者,就在此时此刻。神已经赐下拯救,并且赐给所有的人。问题是,很多人都在看杆子。不要看杆子;那就是教会。你不要看教会；教会很好，但教会救不了你。越过杆子。仰望被钉十字架的那一位。定睛在各各他。记住，耶稣为每一个人而死。你不需要看牧师；他们只是神拣选的工具来高举拯救——基督。所以，我的朋友们，把你们的目光从人身上移开；把你的目光从教会挪开。举目仰望耶稣，那涂抹世人罪孽的，你将立马找到生命。

感谢神，我们毋需正规教育来教我们如何看。这个小女孩，那个小男孩，只有四岁，不识字，但眼睛会看。当父亲回家时，母亲对她的小男孩说："看！看！看！" 小孩子在满一岁之前就学会了看。这就是得救的方法：仰望除去世人罪孽的神的羔羊（约 1：29）。此时此刻，每一个愿意仰望神羔羊的人都将得着生命。

有些人说："我要知道如何得救就好了。可惜，我不知道。" 你只要相信神的话，就在今天——此时——此刻，信祂的儿子。如果你信祂，祂就会拯救你。我听到还有人说："我感觉不到被蛇咬——我觉得我不是那么地需要救主。我知道我是一个罪人和其他的瑕疵，但我感觉不到被咬得够呛。"感受，神要你感受到多少才算数？

我在贝尔法斯特（Belfast）时，认识了一位医生。他有一位朋友，一位著名的外科医生。他告诉我，这位外科医生有个习惯，他在做任何手术之前，会对病人说："好好看看伤口，然后把你的眼睛盯住我；在我做完手术前，不要把眼睛从我身上移开。"我当时认为这是一个很好的例证。罪人，先好好看看你的伤口，然后把你的眼睛定睛在基督身上，不要从祂身上移开。定睛在救恩，不要定睛在创伤。看看你是一个多么可怜可悲的罪人，然后仰望那神的羔羊，除去世人罪孽的。（参 约 1: 29）耶稣是为不敬虔的人和罪人而死。说："我要接受祂！"愿神帮助你将目光转向各各他的人子。以色列人怎样仰望蛇就治愈了，你也照样可以仰望耶稣而活着。

匹兹堡码头战役[11]（The Battle of Pittsburg Landing）后，我在默弗里斯伯勒[12]（Murfreesboro）的一家医院里。有天半夜，我被叫醒，告诉我其中一个病房里的一个人想见我。我去见他，他叫我"牧师"（我不是牧师），并说他希望我帮助他作好死去的准备。我说："如果能行，我会直接把你抱在怀里，带你进入神的国度，但我做不到。我救不了你！"

他问："谁能？"

我说："主耶稣基督可以；祂正是为此而来。"

他摇摇头说："祂救不了我，我这一辈子都在犯罪。"

我说："祂来是要拯救罪人。" 我想到他在北方的妈妈，确信她担心他能否安然死去，我决定和他在一起。我祷告了两三次，重复我能做的所有承诺，因为很明显，再过几个小时他就会死去。我说，我想给他读一段基督与一个为自己的灵魂焦虑的人的对话。我翻到《约翰福音》的第

11　匹兹堡码头战役（The Battle of Pittsburg Landing）又名夏罗之役（Battle of Shiloh, 1862年4月6日－4月7日)。為美國南北战争其中的一場战役，發生於田納西州（Tennessee）。參見維基百科。

12　默弗里斯伯勒(Murfreesboro) 地处田纳西州中部。亦为美國南北战争战场之一。參見維基百科。

三章。他的眼睛紧紧盯着我。当我读到第 14 和 15 节时，他听到了这话，*摩西在旷野怎样举蛇，人子也必照样被举起来；叫一切信祂的都得永生*（约 3：14-15）。

他拦住我说："这话写在那里吗？"

我说"是。"

他让我再读一遍，我就照做了。他手肘靠在床上，双手合十，说："很好，你能再读一遍吗？"我读了第三遍，然后继续阅读本章的其余部分。我读完后，他闭着眼睛，双手合十，脸上挂着笑容。哦，那张脸是如此的光亮! 他身上发生了什么变化! 我看到他的嘴唇在颤抖，我俯下身，听到他微弱的细语，*摩西在旷野怎样举蛇，人子也必照样被举起来；叫一切信祂的都得永生*。

他睁开眼睛，说："这就够了，别再读了。" 沉浸于那两节经文，他又滞留了几个小时。然后，他乘着基督的一驾马车升上天，在神国里就座。

基督对尼哥底母说，人若不重生，就不能见神的国。你可能去到过许多国家，但只有一个国家，比拉地（the land of Beulah）[13]，约翰·班扬（John Bunyan）在异象中看到的，除非你重生，被基督重生，否则你永远不会见到。你环顾四周，看到许多美丽的树木，但除非因你对救主的信心，使眼睛变得明亮，否则你永远不会看到生

> 若非重生，你永远不会见到神国。

13　比拉地 （the land of Beulah）是圣经《以赛亚书》中提到的一块土地。 这是犹太人、以色列人必须返回的土地：一个地上的天堂。参见《以赛亚书》六十二章。

命树。你可能会看到地上美丽的河流，但请记住，除非你重生，否则你永远不会注目从神的宝座喷涌而出、流经天国的河流。这是神说的，不是人说的。若非重生，你永远不会见到神国。你也许会见到地上的君王和领主，但除非你重生，你永远不会见到万王之王和万主之主。当你在伦敦的时候，你或许会去伦敦塔，看看那价值数千美元、士兵把守的英格兰王冠，但请记住，除非你重生，否则你永远不会定睛在生命的王冠上.

你也许听到在地上颂唱的锡安圣诗[14]，但有一首歌，摩西和神羔羊的歌[15]，除非你重生，否则你的耳朵永远听不到；它的旋律，只会让那些以圣灵所生的人听着感到愉悦。你可能会看到地上许多华丽的庄园大厦，但请记住，若非重生，你将永远不会看到基督为重生的人准备的宫殿。说这话的是神。在这个世界上，你可能会见到成千上万个美丽的事物，但除非你重生，你永远不会看到亚伯拉罕瞥见的那座圣城。从他望见那时起，亚伯拉罕就成了朝圣者和寄居者（来 11: 8, 10-16）。你可能经常被邀请参加婚宴；但除非你重生，你永远不能参加羔羊的婚宴。这是神说的，我亲爱的朋友。今晚，你也许看着敬虔的母亲的脸，知道她在为你祈祷，但总有一天，除非你重生，否则你将永远不会再见到她。

你也许是一位年轻男士或女士，俯在临终的母亲床边，

---

14 锡安圣诗或锡安之歌指的是抒情的赞美诗，当初表达了犹太民族渴望看到锡安山和耶路撒冷城再次焕发出昔日辉煌的光辉。现通指基督教的圣诗歌曲。
15 摩西和神羔羊的歌 – 参见《启示录》十五章。

她可能会对你说:"我们一定要在天堂见",你向她保证你会的。但除非你仰望神的羔羊,你将永远不会再见到她。你当相信拿撒勒人耶稣,不要相信那些非信徒,说你不需要重生。

父母们,倘若你们希望再见到你们死去的孩子,你们必须从圣灵生。可能你是一位父亲,或母亲,最近安葬了一个心爱的孩子,你的家显得昏暗沉重。但除非你重生,你将永远不会再见到你的孩子。如果,你想与你所爱的人再次团聚,你必须重生。我也许是对一位在天堂有亲人的父亲或母亲讲话。如果,你能听到那个亲人的声音,那声音会说:"到这里来。" 你在那里有一个属神的朋友吗?

年轻人或年轻姑娘,你亲爱的母亲已经在天堂了吗?如果你能听到她说话,她会不会说:"背离这世界,跟随耶稣,我的儿子","仰望耶稣,我的女儿"?你若想再见到她,惟有重生。

在那里,我们有一位长兄。两千多年前,祂从天上降到世间;现在,祂正从天边呼召你到天堂。让我们背弃这个世界。让我们对这世界置若罔闻。让我们仰望十字架上的耶稣而得救。终有一天,我们会看到那巍丽的君王,我们将永世无穷地与祂同住。

第三章

两群人

有两个人上殿里去祷告（路 18：10）

有两种人生活在世界上。前者不觉得自己需要救主，也没有因着圣灵而知罪；第二种人知罪并疾呼："我必须怎样行才能得救？"

所有的寻求者都可以归为两类人：要么具有法利赛人的心态，要么税吏的心态。假如，一个具有法利赛人心态的人来参加我们的讨论，提出问题，想要了解更多有关重生的信息，我想没有比《罗马书》三章10-11节的经文更适合他的情况：就如经上所记，没有义人，连一个也没有；没有明白的，没有寻求神的。

法利赛人的心态

在这里，保罗说的是自然人、或未得救的人。都是偏离正路，一同变为无用。没有行善的，连一个也没有

（罗3：12）。《罗马书》三章17-19节：平安的路，他们未曾知道。他们眼中不怕神。我们晓得律法上的话，都是对律法以下之人说的，好塞住各人的口，叫普世的人都伏在神审判之下。

请看第22和23节：并没有分别；因为世人都犯了罪，亏缺了神的荣耀。不是人类的一部分——而是所有人——都犯了罪，亏缺了神的荣耀。

《约翰一书》一章8节，是给人定罪的另一段经文：我们若说自己无罪，便是自欺，真理不在我们心里了。有一次，我们在东部一个拥有四万居民的城市聚会。一位女士来请我们为她的丈夫祷告，她想要带他来参加接下去的聚会。我跑过很多地方，遇到过很多法利赛人，但此人太自以为义了，没有任何认罪悔改之心。我对他的妻子说："我很高兴看到你的信心，但是，实话说，要让他开始看到神的真理，我们都束手无策；他是我所见过的最自义的人。"

她说："我恳求你！如果这些聚会结束了，他还没有归正，我的心会碎的。"她执意要带他来，我却已经看腻了他。然而，在我们三十天的聚会即将结束时，他走到我跟前，把他颤抖的手放在我的肩膀上。

开会的地方比较冷，只有隔壁房间点了煤气。他对我说："你能进来几分钟吗？"我以为他手发抖是冻的缘故，但我实在不想跑到更冷的房间。可是，他说，"我是佛蒙特州最坏的人。我要你为我祷告。"

两群人

我想他一定犯了谋杀罪或其他可怕的罪行,就问:"是否有什么罪让你特别困扰?"

他说:"我这一生都活在罪中。我一直是一个自负、自以为是的法利赛人。我要你为我祷告。"他对自己的罪深感痛悔。人本身不能产生这种结果,惟有圣灵才能。凌晨两点左右,光照进了他的灵魂。他走上街头,逢人便讲神为他所做的一切。从那以后,他一直是一个最活跃的基督徒。

耶稣自己用了四段关乎探寻者的经文。我实实在在地告诉你:人若不重生,就不能见神的国(约 3:3)。

《路加福音》十三章 3 节,我们读到:*你们若不悔改,都要如此灭亡!*

《马太福音》十八章,当门徒来到耶稣那里,想知道谁将是天国最大的,祂就领了一个小孩子,把他放在门徒中间,说,*我实在告诉你们:你们若不回转,变成小孩子的样式,断不得进天国*(太 18:3)。

> 你们若不悔改,都要如此灭亡!
> ——(路13:3)

《马太福音》五章 20 节还有一个重要的"若非":*你们的义若不胜于文士和法利赛人的义,断不能进天国。*

在他愿意进神国前,一个人必须被改造成"合适"或配得。想到浪子的故事,我宁可跟弟弟进天国,也不愿跟那位"却生气,不肯进去"(路 15:28)的兄长待在外面。对这样的人来说,天堂就是地狱。一个不能为弟弟的归来欢喜的兄长,是不配进神国的。这是值得深思的、一件严肃的事情：帷幕落下，他留在外面，弟弟则在里面。对这位兄长来说，救主的话似乎很合适：*我实在告诉你们：税吏和娼妓倒比你们先进神的国*（太 21：31）。

有位女士来找我，想让我帮她女儿一个忙。她说："你必须记住，我不同意你的教义。"

我问："你有什么不同意见？"

她说："我觉得你对那兄长的论断很糟糕。我认为他是一个品格高尚的人。"

我说我愿意听她为他辩护，不过，采取为他辩护的立场是一件严肃的事情。兄和弟一样需要悔改归正。当众人论道德的时候，他们得好好看看那老父亲：他苦求那不肯进去的长子。

税吏的心态

我们现在来讨论另一群人。这群人是由那些深信自己有罪的人组成，他们的呼声如同腓立比的狱卒，*我当怎样行才可以得救？*（徒 16：30）对发出这种痛悔前非呼喊的人，毋须施行律法。他们已意识到自己是罪人。直接把他们领到圣经就好：*当信主耶稣，你和你一家必得救*（徒 16：31）。很多人会皱着眉头说，"我不知道什么是信"，尽管天上的律法宣布惟有信才能得救，他们仍然问，除此之外还要什么。他们要我们告诉他们信什么，何处信，如何信。

两群人

《约翰福音》三章35-36节，我们读到：父爱子，已将万有交在祂手中。信子的人有永生；不信子的人得不着永生（合和本原注：原文作"不得见永生"）， 神的震怒常在他身上。这话言之有理。人因不信而丧生——因不信神的话语；我们因信而重获新生——因信神的话而得着。换言之，我们从亚当跌倒的地方站起来。亚当被不信的石头绊倒；我们因信而被扶起并站立。

当人们说他们不能相信时，给他们看《约翰福音》三章那几节，只要他们抓住一件事："六千年来，神何时违背了祂的应许？" 魔鬼和人无时无刻地企图找出神言而无信的单单一个破口，但终徒劳无功。神若言而无信，地狱今日便有一个禧年（Jubilee）[16] 如果某人说他无法相信，仅就这一件事问他便好。

如今，我相信神胜过相信我自己的心。人心比万物都诡诈，坏到极处，谁能识透呢？（耶 17: 9）。我相信神胜过相信我自己。你若想知道生命之道，便信耶稣基督是个人的救主。抛开所有教义和信条，直接进入神子的心。如果你一直以干枯的教义为食，就知道，以这种食物为粮，你不会有太多成长。教义之于灵魂，就像通往邀请我吃饭的朋友家的街道一样。假如我选对了街道，它们会带我去那里吃饭，若我滞留在街上，我的饥饿将永远不会得到满足。以教义为食就像试图以糠秕为生；灵魂不吃从天上降下来的粮将持续瘦弱。

16　有关禧年（Jubilee），参见《利未书 》五章，《以赛亚书 》六十一章 和《路加福音 》四章。

有人问："我如何才能使我的心温暖？"靠信。除非你相信，否则你没有能力去爱和事奉神。

使徒约翰说：

> 我们既领受人的见证，神的见证更该领受了；因神的见证是为他儿子作的。信神儿子的人，就有这见证在他心里；不信神的，就是将神当作说谎的，因不信神为他儿子作的见证。这见证就是神赐给我们永生，这永生也是在他儿子里面。人有了神的儿子就有生命；没有神的儿子就没有生命。（约壹 5: 9-12）

如果我们不听人的验证，世事就会停滞不前。如果我们不接受人的验证，如何处理日常生活中的事务，如何开展业务？社会、商业事务将在四十八小时内停止！这便是使徒论证的旁据。我们既领受人的见证，神的见证更该领受了。神已见证于耶稣基督，人若能相信谎话连篇、时而不忠的同胞，为何不听从神的话，相信祂的见证呢？

> 除非你相信，否则你没有能力去爱和事奉神。

信心即相信见证。这并非是盲目的信仰，如某些人这样告诉我们。那绝非信仰。神不会要求任何人相信那信而无实的东西。若让人妄而信之，不妨让人无眼而视，无耳而听，无脚而行。

在我前往加利福尼亚时，我得到一本行路指南。指南书

两群人

告诉我,过了伊利诺伊州后,我会过密西西比河,然后是密苏里州。之后,我会进入内布拉斯加州,穿过落基山脉到达摩门教定居点盐湖城,再经由内华达山脉进到旧金山。一路走来,我发现这本指南没问题;但是,如果我行了四分之三的路程,一直证明这本指南无误,然后,却称在余下的旅程中,我不相信它,那我就是一位可悲的怀疑论者。

假定有个人指点我去邮局,说在路上会看到的十个地标,当我前往邮局时,发现其中九个地标正如他所说,我就有充分的理由相信我离邮局近了。

倘若因信,我得着新生命,灵魂充满前所未有的盼望、平安、喜乐和安息;我有自制力,有能力遏恶行善,我就有确据证明我在正道上前往那座有根基的城,就是神所经营所建的(来 11:10)。

如果事情已经发生并且正在发生,如圣经所记载的那样,我便有充分的理由得出结论,余下的应许和预言也将实现。然而,人们还是怀疑。有惧怕就没有真正的信心。信心就是无条件地相信神的话。有惧怕就没有真正的平安。完全的爱将恐惧除去(约壹 4:18)。假如妻子怀疑丈夫,那她该有多可怜;一个母亲如果在儿子离开家后,仅仅因为儿子很少联系则有理由质疑儿子对她的忠诚,那该有多惨! 有真爱便置信不疑。

信仰不可缺少的三样东西:知识、认同、和落实(将信仰落实在自身)。

我们必须认识神。认识你独一的真神,并且认识你所差来的耶稣基督，这就是永生（约 17:3）。接着，我们不仅必须赞同我们所知道的，而且必须坚持真理。一个人不会仅因为赞同救恩计划而得救；他还必须接受基督为他的救主。他必须接受并落实祂的旨意——与祂合一——单单信靠祂。

有些人说，他们无法判断一个人的生活如何会受到信仰的影响。但是，假设某人大声疾呼房子着火了，而我们碰巧在这房子里，看看我们如何因信而迅速地跑出来。我们无时无刻受到我们所相信的东西的影响。我们本性使然。因此，你若相信关于基督的记载是神所赐的，那将很快地影响你的整个人生。

思考《约翰福音》 五章24节；仅这句经文就有足够的真理，可以让每个灵魂都得救。它甚至不留一丝一毫怀疑的余地。*我实实在在地告诉你们，那听我话，又信差我来者的，就有永生，不至于定罪，是已经出死入生了。*

如果一个人真的听进了耶稣的话，全心相信神（祂差遣祂的独生子成为世界的救主），抓住并拥有这伟大的救恩，他就不惧怕审判。他不会怀着恐惧，期待着那伟大的白色宝座，如我们在《约翰一书》 四章17 节中读到，*这样，爱在我们里面得以完全，我们就可以在审判的日子坦然无惧；因为祂如何，我们在这世上也如何。*如果我们信，我们就不被定罪，没有论断。一切都在我们身后，过去了；在审判的日子，我们将坦然无惧。

我记得读过一个故事，是关于某人的大审，可以说生死攸关。这人有一些很有影响力的朋友,他们从国王那里为他获得了赦免,条件是他必须接受审判并被定罪。他走进法庭,口袋里装着赦免书。法庭内,反对他的情绪非常强烈,法官说,法庭对他那处之坦然的神态感到震惊。审判结果宣布后,那人把赦免书拿出来递给法官,然后,以一个自由人的身份走出法庭。他被赦免了;同样,我们也被赦免了。让死亡来吧,我们无所畏惧。世上所有的掘墓人合在一起,都无法挖出一个足够大、足够深的坟墓,足以来容纳永生。世上所有的造棺材的人,都无法造出足够大和足够紧的棺材来容纳永生。死亡曾触摸过基督一次,但永远不会再来。

耶稣说,*复活在我,生命也在我;信我的人,虽然死了,也必复活。凡活着信我的人,必永远不死*(约 11: 25-26)。在《启示录》中,我们读到复活的救主对约翰说,*又是那成活的;我曾死过,现在又活了,直活到永永远远*(启 1: 18)。死亡再也无法触及祂。

我们因信而得生命。事实上,我们得到的比亚当失去的更多;因为神救赎的孩子继承了,比伊甸园中亚当所能想象的,更丰富、更荣耀的产业。进而言之,这个产业将永远长存。这产业是绝对的,不能被剥夺。

我宁愿将我的生命与基督结合,住在神里面,也不愿住在伊甸园里。即便亚当在犯罪和堕落之前一万年就在那里,他仍然不得不离开伊甸园。在基督耶稣里,我们永远是安固的。如果这些事情对亚当来说是真实的,那么信徒比亚当更有保障。让我们把这些变成事实而不是虚构。神已经说过了;那就足够了。即使我们看不见祂,也让我们相信祂。让和小玛吉相同的信心来激励我们——这是我在《圣经宝库》(Bible Treasury)中读到的简单又感人的故事:

> 我离开家已有好些天了,在我回程路上快到农庄时,想到我的小玛吉,刚到可以自己坐起来的年龄,是否还记得我。想试试她的记忆力;我找了个我能看到她,但她看不到我的地方,然后,我用她熟悉的语气叫她的名字:"玛吉!"她放下玩具,环顾房间,然后就低头看了看自己的玩具。我再次叫她的名字:"玛吉!"她再一次环顾房间,没有看到父亲的脸,她看起来很伤心,然后,慢慢地又接着玩着自己的玩具。我又叫了一声"玛吉!"她丢下玩物,泪流满面,朝着声音传来的方向伸出双臂。虽然她看不见我,但她知道我一定在那里。因为她知道我的声音。

> 在基督耶稣里,我们永远是安固的。

我们有能力看见和听见,我们也有能力相信。那些心存疑惑的人说他们不能相信,这纯粹是愚昧。只要他们愿意,他们就可以信。但大多数人的问题在于,他们将感觉与相信联在一起。感觉与相信没有任何关系。圣经没有说"有感觉的人"或"有感觉并相信的人"有永生。没有那回事。耶稣说,信的人有永生(约6: 47)。我无法控制自己的感觉。如果可以,我永远

两群人

不会感到不适、头痛、或牙痛。我会一直感觉很好。但我可以相信神；我们若立足于那块岩石（基督），任凭疑惑和恐惧来袭，风浪在我们周围汹涌澎湃——那岩石（锚）屹然不动。

有些人一直定睛在他们的信心上，而非信的对象。信心是接受祝福的手。我听说过有关一个乞丐的例子。假设你在街上遇到一个人，你知道他是个乞丐。假设你给了他一些钱，他对你说："谢谢你，但我不要你的钱。我不是乞丐。"

"这是怎么回事？"

"昨晚，有个人把一千美元放到我手里。"

"是吗！你怎么知道那钱是真的？"

"我把钱存到银行里了，还拿到了一本银行存折。"

"你是怎么得到这个礼物的？"

"我去讨施舍，那位先生和我聊了之后，就拿出一千块钱，放在我手里。"

"你怎么知道他把钱放在那该拿的手里？"

"我拿到钱了，还管他把钱放在哪只手？"

许多人总是在琢磨，他们接收基督的信心是不是纯正的那一种，但是，远比这更为基本的是确定我们有纯正的基督。

信心是灵魂的眼睛，只要视力完美，谁会想到取出一只眼睛，来看看它是不是纯正的那一种？这东西虽不合我口味，但我品尝到的这东西却满足我的食欲。所以，亲爱的朋友，相信神的话就是我们救恩的手段。真理不能比这个更简单了。

一个居住在纽约市的人在哈德森河畔有个房子。他的女儿和她的家人来和他一起过冬,正好在这季节中,猩红热爆发了。家中有个小女孩被隔离,与众人分开。每天早上,在他出去做生意前,那人就去跟他的小外孙女说"再见"。有天早上,那小家伙用手牵着老人,走到房间的一角。一句话没说,小女孩指着地板上她用饼干拼写出来的字条,"外公,我想要一盒涂料。" 老人什么都没说。回家后,他挂好外衣,像往常一样去那房间。他的小外孙女,不曾看她的愿望是否被兑现,径直把他领到同一个角落。在那里,他看到了,同样以饼干拼写出来,"外公,谢谢你的涂料。"对这孩子来说,这老人不会错过任何东西来讨她欢喜。那就是信心。

信心就是相信神的话,那些除此之外还想要一些预兆的人,信心上总是遇到麻烦。神说话,我们就信。

但有人说信心乃是神的礼物。空气也是,但你必须呼吸它。面包也是,但你必须吃它。水也是,但你必须喝它。有些人想要一种神奇的感受。那不是信心。可见信道是从听道来的,听道是从基督的话来的(罗 10:17)。那就是信心来自的地方。不是坐下来,等待信心以一种奇怪的感受降下给我;信心是我以神的话相信神。除非有东西可信,否则你不会信。相信并落实神的话。宣称这道是你自己的并恒守下去。

在《约翰福音》六章47-48节我们读到:我实实在在地告诉你们,信的人有永生。我就是生命的粮。这粮触手可及。参与分享。我家里可能有成千上万条面包,有成千上

两群人

万饥饿的人等着得到一条面包。他们可能同意有面包这个事实,但除非每个人拿起一条面包来吃,否则他们的饥饿不会得到满足。如此,基督乃是天上的粮,正如身体以食物为粮,灵魂必须以基督为粮。

溺水的人见有绳子抛出来救他,他必须抓住它;为此,他必须放下一切。人若有病,必须吃药,光盯着药看是治不好的。对有疑问者来说,光知道基督不会有帮助,除非信祂并接受祂为唯一的盼望。被咬的以色列人也许相信铜蛇被举起来了。但他们若不望这铜蛇,仍不得活(民21: 6-9)。

我确信某艘远洋客轮会载我横渡大洋,因为我已经尝试过了;但这对另一个想搭此船的人没有帮助,除非他根据我所知的采取行动。因此,除非采取行动,否则认识基督对我们毫无帮助。这就是相信主耶稣基督的意义。就是照我们所信的去做。就像有人登上一艘横渡大西洋的船一样,我们也必须接受基督,并将我们的灵魂委身于祂。祂已应许保守所有信祂的人。相信主耶稣基督就是简单地按照祂的话来接受祂。

> 溺水的人见有绳子抛出来救他,他必须抓住它。

第四章

金玉良言

压伤的芦苇，他不折断（赛 42: 3; 太 12: 2）

寻求救恩的人，光靠别人的经历而自己不去经历救恩，是很危险的。许多人期待重演他们祖父母的经历。我有一个朋友，他是在田野里信主，他就认为全镇的人都应该到那片草地上信主。还有一位是在桥底下信了主，他认为任何有疑问的人去那桥底下，就会找到主。对于心情焦虑的人来说，最佳的办法就是直接去读神的话语。世界上任何人，只要认为神的话对他们来说是非常宝贵的，他们就是寻求得救的人。

比方说，有人可能会说："我没有力量。" 就让他翻到《罗马书》 五章6节: *因我们还软弱的时候，基督就按所定的日期为罪人死。*正因为我们软弱，我们才需要基督。祂来，是要给软弱的人力量。

另有人会说:"我看不见。"基督说,我是世界的光(约 8:12)。祂来不仅是要发光,而且要开瞎子的眼(赛 42:7)。

还有人说:"我认为一个人不可能一下子得救。"有一天晚上,某个持这种观点的人在我的咨询室里,我请他注意《罗马书》六章23节:因为罪的工价乃是死,唯有神的恩赐,在我们的主基督耶稣里,乃是永生。白白接受礼物要多长时间?定有片刻,从没有到拥有——此刻是别人的,下一刻就是我的。不需要六个月才得永生。虽然,信心可能像芥菜籽,一开始很小。有的人是渐渐地认罪悔改,像晨光一样,分不清黎明是从何时开始的;而其他人,真理如流星般闪烁划过,瞬间醒悟。我不会穿过马路去证明我何时归正,重要的是,要知道我真的已经悔改信主。

一个属灵孩子可能受过精心训练,以至于无法判断新生是从何时开始的,但肯定某时某刻发生了变化,他成了有灵命的人。

有些人不信有瞬间的归正,就此,我会挑战任何人在新约中找出一个不是顿时归正的例子。耶稣从那里往前走,看见一个人名叫马太,坐在税关上,就对他说:"你跟从我来。"他就起来跟从了耶稣(太 9:9)。没有比这更顿时的了。

税吏撒该想要看看耶稣,因他身材矮小,就爬到一棵树上。耶稣到了那里,抬头一看,对他说:"撒该,快下来"(路 19:5)。撒该的归正一定发生在树枝和地面之间。我们被告知他欢喜地接待耶稣,说,主啊,我把所有的一半给穷人,我若讹诈了谁,就还他四倍(路 19:8)。在我们这个时代,鲜有人能说出这样的话来证明他们的归正。

哥尼流全家都顿时信主。彼得向他和同在的人传讲基督;圣灵降在他们身上,他们就受了洗(徒 10)。

五旬节那天,三千人欣然领受了神的道。他们不仅归正,且在同一天受洗(徒 2)。

腓力和太监在同行的路上对话。太监对腓力说,看哪!这里有水,我受洗有什么妨碍呢?腓力说,你若是一心相信,就可以。他们一同下到水里,埃塞俄比亚女王干大基(Candace)手下这位颇有权柄的人就受了洗,欢欢喜喜地上路(徒 8:26-38)。你会发现整本圣经中悔改信主都是须臾瞬间的。

> 你会发现整本圣经中悔改信主都是须臾瞬间的。

假定有个人有从雇主那里偷钱的习惯。如果他今年拿了一千美元,我们是否应该告诉他下一年只拿五百美元,然后年年递减,直到五年后只拿五十美元?这种做法与逐步悔改信主基于相同的原则。

假如有这么一个人,上法庭受审,因他不能立马改变自己的犯罪生活,法庭反而给予赦免,那么,这样的法律程序将是不合常理,非常离奇的。

圣经说,从前偷窃的,不要再偷(弗 4:28)。这是一个大转变,一个翻天覆地的转变!假定某人有每天诅咒一百次的恶习。难道我们要他发誓，隔天诅咒不超过九十次，下一天不超过八十次，直到届时改掉这个恶习？救主说，什么誓都不可起（太 5: 34）。

假定有个男人有醉酒，每月打妻子两次的恶习；假如他一个月只打她一次，然后每六个月打一次，这和逐步悔改信主是一样的道理。假设亚拿尼亚被派往保罗那里，而保罗正前往大马士革，大声威胁要屠杀门徒并将他们投入监狱。难道，让亚拿尼亚告诉保罗少杀那么多人，或让仇恨逐渐从他心中消失，而不是顷刻消失？就因为哲人们说变化如此突然，则难以持久，保罗被告知不要停止屠杀的威胁或不要立即传讲基督？这种说法与那些不相信瞬间信主的人使用的推理相同。

然后，另有一群人说，他们怕刚信主而站不住脚——可能会远离耶稣。这是一群人数众多，非常有盼望的人。我希望看到一个人不信任自己。这是一件好事。这些人记得要仰望神，不是他把握神，而是神把握他。有些人想要接受基督，但重要的是祷告，让基督回应来接纳你。处于这种状况的人可以读读《诗篇》121 篇：

我要向山举目，
我的帮助从何而来？

我的帮助
从造天地的耶和华而来。

他必不叫你的脚摇动，

保护你的必不打盹。

保护<u>以色列</u>的，

也不打盹，也不睡觉。

保护你的是耶和华，

耶和华在你右边荫庇你。

白日太阳必不伤你；

夜间月亮必不害你。

耶和华要保护你，免受一切的灾害，

他要保护你的性命。

你出你入，耶和华要保护你，

从今时直到永远。

有人称这是旅行者（和合本：上行之诗）的诗篇。对我们这些穿越这个世界的朝圣者来说，这是一首美丽的诗篇，也是应该熟记的诗篇。

神能做祂以前做过的事。祂允许约瑟在埃及，摩西在法老面前，但以理在巴比伦；祂使以利亚能在那个黑暗的日子站在亚哈面前。我真感激，因为，这些人有我们一样性情（雅 5：17）。 是神将他们造就成如此伟大。我们当做的就是仰望神。真正的信心就是让人的软弱来依靠神的力量。当人没有力量时,他可以依靠神而变得刚强。问题是我们妄自尊大、过于自信。

《希伯来书》六章17-20节讲述了类似的信息:

> 照样,神愿意为那承受应许的人格外显明他的
> 旨意是不更改的,就起誓为证。借这两件
> 不更改的事,神决不能说谎,好叫我们这逃往
> 避难所、持定摆在我们前头指望的人可以大
> 得勉励。我们有这指望,如同灵魂的锚,又坚固
> 又牢靠,且通入幔内。作先锋的耶稣,既照着
> 麦基洗德的等次成了永远的大祭司,就为我们
> 进入幔内。

对那些担心跌倒,害怕自己坚持不住的人来说,这些都是宝贵的经文。恆守是神的工作。管好羊是牧羊人的事。有谁听说过羊去把牧羊人带回来?人们认为他们必须既保守自己也要保守基督。这是一个错误的概念。好牧人的工作就是看顾祂的羊,和照顾那些信靠祂的人。祂已保证这样做了。我曾经听说,有一位船长在临终时,他说:"荣耀归于神,锚能稳住。"他信靠基督。他的锚抓住了那磐石。还有一次,一位爱尔兰人说他颤抖了,但磐石从来没有。我们要站稳脚跟。

> **管好羊是牧羊人的事。**

保罗在《提摩太后书》一章12节中说,我知道我所信

的是谁,也深信他能保全我所交付他的,直到那日。这就是保罗的信念。

南北战争后期,一位随军牧师在巡查医院时,见到一个垂死的人。牧师发现他是基督徒,就问这人属于哪个教派,牧师被告知"保罗的教派"。

"他是卫理公会教徒吗?"牧师问道,因为卫理公会的教徒都声称保罗属他们。

"不是。"

"是长老会吗?"因为长老会特别声称保罗属他们。

"不,"回答说。

"他属圣公会吗?"因为所有的圣公会弟兄们都争称使徒保罗属圣公会。

"不,"他不是圣公会教徒。

"那他属于什么教派?"

"我……也深信他能保全我所交付他的,直到那日。"这才是一个伟大的信念(Persuasion,又有"教派"的含义),这信念让那濒死的士兵在死去的那一刻得安息。

让那些怕自己不能持守的人翻到《犹大书》第 24 节:那能保守你们不失脚,叫你们无瑕无疵,欢欢喜喜站在祂荣耀之前的我们的救主独一的神。

然后看看《以赛亚书》 四十一章10节:你不要害怕,因为我与你同在;不要惊惶,因为我是你的神。我必坚固你,我必帮助你,我必用我公义的右手扶持你。

接着看第13节：因为我耶和华你的神，必搀扶你的右手，对你说：不要害怕！我必帮助你。

现在，若神握着我的右手，祂难道不能搀扶着我持守我吗？神岂无能力保守吗？创造天地的伟大的神，我们若信靠祂，祂必保守你和我这般可怜的罪人。因怕跌倒而不信靠神，就好像一个人因怕再次入狱而拒绝赦免，或一个溺水的人因怕再次落入水中而拒绝获救。

许多人面对基督徒的生活，怕没有足够的力量坚持到底。他们忘记了神的应许：你的日子如何，你的力量也必如何（申33：25）。这让我想到钟摆。钟摆一想到还要跋涉千里，就心灰意冷，但当它意识到那距离仅是通过"滴答、滴答、滴答"来完成时，就鼓起新的勇气继续它的旅程。基督徒亦有权柄，即可以委身于天父的保守，日复一日地信靠祂。令人欣慰的是，我们知道主既动了善工，就必成全这工（腓1：6）。

怀疑论者有两种。一种是有切实的困难并寻找答案；另一类只喜欢辩论，但不想听也不讲道理。我曾经认为后一类型的人会永远是我肉中的刺，但现在他们不让我烦扰了。现在，我倒是希望能在讲道途中碰到他们。有这种秉性的人习惯绕着基督的话纠缠不清。他们来参加我们的会议就光想要辩论。针对这些人，我推荐保罗给提摩太的建议：惟有那愚拙无学问的辩论，总要弃绝，因为知道这等事是起争竟的（提后2：23）。许多初信主的人犯了一个大错误，认为他们非要捍卫整本圣经不可。当我刚信主时，我对圣经知之甚少；我以为，对所有来者，我都必须从头到尾地捍卫圣经，但有个波士顿的怀疑论者面对我，一下子驳倒了我所有的论点，使得我灰心丧气。我现在已经从中恢复过来了。我不自称我理解神话语中的许多东西。

当我被问到，如何处理这些问题时，我说，"我什么都不做。"

"那你怎么解释它们？"

"我不用解释。"

"你拿它们到底怎么办？"

"没怎么办，我相信它们。"

然后，当我被告知，"我不会相信任何我不明白的事情"，我只是简单地回答：我相信。

有很多东西，五年前对我来说是黑乎乎和神秘的，如今我已经领悟了。我期待在永恒中不断地发现关于神的新事物。我强调，不要讨论有争议的圣经段落。一位老传教士说过，有些人想吃鱼，非先从挑鱼骨头开始。至于我，在我尚未彻底看清楚前，我会留下鱼骨头。我不理解的东西，我没有义务解释。隐秘的事是属于耶和华我们神的，惟有明显的事是永远属我们和我们子孙的（申 29：29）。我拿着这些教导，吃下去，以它们为食，从而获得属灵的力量。

《提多书》 三章9节入情入理：要远避无知的辩论和家谱空谈，以及纷争，并因律法而起的争竞；因为这都是虚妄无益的。

天路

如果我遇到一个真诚的怀疑者,我会像母亲对待生病的孩子一样温柔地对待他。我不宽宥一些基督徒,因为某人持怀疑态度就摈弃他,和他老死不相往来。

前段时间我在做咨询工作,我把一个怀疑论者带到我很熟悉的一位基督徒女士那里,以为她会很好地与那怀疑论者交谈。过后不久,我四周瞧瞧,注意到那有疑问者正离开大厅。我问那女士:"你为什么让她走?"

答复是"哦,她是个怀疑论者!"我跑到门口拦住了她。我把她介绍给另一位基督徒同工,那同工花了一个多小时与她交谈和祷告。他还拜访了她和她的丈夫。仅在一周内,那位聪明的女士摆脱了怀疑,成了一位积极的基督徒。使人归主需要时间、智慧和祷告;但如果某个人是真诚的,我们对待这人,就应该像我们的主对待我们那样。

这里,有几段经文是写给有疑问的问道者:人若立志遵着祂的旨意行,就必晓得这教训或是出于神,或是我凭着自己说的(约 7: 17)。假如一个人无意遵行神的旨意,他就无从晓得教义。所有怀疑论者都知道这一事实,即神希望他们离弃罪恶。一个人若愿意离开罪,接受光照,感谢神所赐的一切,不奢望一下子完全明白整本圣经,他就会一天比一天得着更多的光,一步一步地向前迈进,直到出黑暗而入天堂的光明。

《但以理书》 十二章10节告诉我们:必有许多人使自己清净洁白,且被熬炼;但恶人仍必行恶;一切恶人都不明白;惟独智慧人能明白。神永远不会向祂的敌人揭秘。绝对不会!倘若 一个人继续活在罪中,他就无从知道神的道。

耶和华与敬畏祂的人亲密，祂必将自己的约指示他们（诗 25：14）。在《约翰福音》十五章15节我们读到：以后我不再称你们为奴仆，因仆人不知道主人所作的事；我乃称你们为朋友，因我从我父所听见的，已经都告诉你们了。当你成为基督的朋友时，你就会知道祂的奥秘。耶和华说，我将要作的事，岂可瞒着亚伯拉罕呢？（创 18：17）

性情与神相近的人最能了解神。如果一个人不愿意远离罪，他就不会知道神的旨意，神也不会向他揭示祂的奥秘。倘若一个人愿意远离罪，他会惊奇地看到光将是如何进入他的心田！

> 如果一个人不愿意远离罪，他就不会知道神的旨意，神也不会向他揭示祂的奥秘。

我记得有一天晚上，对我来说，圣经是宇宙中最枯燥、最黑暗的书。第二天就绝然不同了。我想我得到了解经的钥匙。我已经从圣灵生。但是，在我了解神的心意之前，我必须离弃我的罪。我相信，当每个人愿意降服，让神引导和带领，神就会与他相遇。许多怀疑论者的问题是在于自负。他们以为自己比全能者知道得更多，而且不是本着受教的精神而来。当一个人怀着接受的精神来时，他便是有福的。你们中间若有缺少智慧的，应当求那厚赐与众人、也不斥责人的神，主就必赐给他（雅 1：5）。

第五章

神圣救主

你是基督,是永生神的儿子

(太 16:16;约 6:69)

有那么一群怀疑者,他们不相信基督的神性。圣经许多经节都对基督神性这个主题有阐明。《哥林多前书》十五章47节告诉我们,头一个人是出于地,乃属土;第二个人出于是天。

《约翰一书》五章20节说,我们知道神的儿子已经来了,并且赐给我们聪明,使我们可以认识那位真实的;我们在真实的祂里面,在祂儿子耶稣基督里面。这是真神和永生。

读《约翰福音》十七章3节:认识你独一的真神,并认识你所差来的耶稣基督,这就是永生。

然后,查考《马可福音》十四章60-64节:

> 大祭司起来站在中间,问耶稣说:"你什么都
> 不回答吗?这些人作见证告你的是什么呢?"
> 耶稣却不言语,一句也不回答。大祭司又问他

> 说:"你是那当称颂者的儿子基督不是?"耶稣
> 说:"我是。你们必看见人子坐在那权能者的
> 右边,驾着天上的云降临。"大祭司就撕开衣
> 服,说:"我们何必再用见证人呢?你们已经听
> 见他这僭妄的话了。你们的意见如何?"他们都
> 定他该死的罪。

我相信基督神性的原因是:倘若基督不是神的话,我不知道如何将祂分类,或形容祂,对待祂。当我还是个小孩子的时候,我以为祂是一个像摩西、约瑟或亚伯拉罕那样的好人。我甚至认为祂是古往今来,曾经在地球上生活过的最好的人。但我发现基督有更高的宣称。祂宣称自己是人,与神合而为一,是神圣的;并且出自于天。祂说,还没有亚伯拉罕,就有了我(约 8:58)。我无法理解这一点,以致不得不得出结论——我愿挑战任何诚实的人来否认这一推论或公开辩论——耶稣基督要么是冒名者,要么是骗子,否则,祂就是神人——道成肉身。

以下是为什么必须如此的一些原因。第一条诫命是,除了我以外,你不可有别的神(出 20:3)。纵观古今,基督教数以百万的教徒,他们把耶稣基督当作神来敬拜。耶稣若不是神,这即是拜偶像。若耶稣基督仅是一凡人,受造物,非祂声称的那样,我们都犯了触犯第一条诫命的罪。

一些不承认基督神性的人说祂是有史以来最好的人;但如果祂不是神,祂就不该被认为是一个好人:因为祂声

称自己享有神的荣耀和尊严,而这正是这些人宣称祂无权拥有。这样,祂就将归类为骗子。

也有人说基督自认为是神,但祂是自欺,好像耶稣基督误入迷津,被幻觉和谮虞所困,认为祂更像神!我无法想像对耶稣基督的看法有比这更低的。这不仅把祂列为一个冒名者,而且表明祂神志不清,不知自己是谁或来自哪里。如此看来,耶稣基督若不是祂所宣称的——世界的救主——祂若不是来自于天,祂就是一个公然的骗子。

然而,怎么会有人读到耶稣基督的生平,而认为祂是个骗子呢?通常,一个人成为冒名者是有动机的。基督的动机是什么?祂知道祂所行的道路将把自己带到十字架上,祂的名将被视为污秽卑下的,许多祂的追随者将为祂的缘故而舍命。几乎每一位使徒都成了殉道者,在百姓中被视为垃圾。如果某人是骗子,他的伪善背后定有一个动机。但基督的动机是什么?

> 怎么会有人读到耶稣基督的生平,而认为祂是个骗子呢?

经上记的是他周流四方,行善事(徒 10: 38)。这绝非是冒名者的事工。不要让你灵魂的敌人诓骗你。

在《约翰福音》五章21-23节,我们读到:

> 父怎样叫死人起来,使他们活着,子也照样随自己的意思使人活着。父不审判什么人,乃将审判的事全交与子,叫人都尊敬子如同尊敬父一样。不尊敬子的,就是不尊敬差子来的父。

根据犹太人的律法，如果一个人是亵渎神灵的，他就该被处死；若耶稣基督只是一介凡人，声称 不尊敬子的，就是不尊敬差子来的父，就显然是亵渎神。如果基督不是神，这便是彻头彻尾的亵渎。摩西、以利亚、以利沙或任何凡人说："你必须像尊重神一样尊重我"，并将自己置于与神同等的地位，那绝对是亵渎神。

犹太人处死基督，因为他们说，祂不是祂所声称的。正是要为此作证，耶稣才起誓。大祭司对他说："我指着永生神叫你起誓告诉我们，你是神的儿子基督不是？"（太26：63）犹太人围着他，说，"你要叫我们犹疑不定到几时呢？你若是基督，就明明地告诉我们。"耶稣说，"我与父原为一。"犹太人又拿起石头来要打祂（约10：24，30-31）。他们说不想再听下去，因为这说法就是亵渎神。因为祂宣称自己是神的儿子，耶稣被定罪并处死（太26：63-66）。

如此，若耶稣基督仅是一凡人，那么犹太人按照他们的律法将祂处死是做对了。我们在《利未记》二十四章16节中读到，那亵渎耶和华名的，必被治死，全会众总要用石头打死他。不管是寄居的，是本地人，他亵渎耶和华名的时候，必被治死。这条律法要求他们治死所有亵渎神的人。耶稣正是因声明祂是神性的，而付出了生命的代价。按摩西律法，祂理应受处死的惩罚。在《约翰福音》十六章15节，耶稣说，凡父所有的，都是我的；所以我说，祂要将受于我的，告诉你的。如果祂仅仅是一个好人，怎么可能使用这样的语言？自我信主以来，我对此就坚信不移。曾有一位恶名昭著的罪人被问，如何证明基督的神性。他的回答是："为什么，祂拯救了我；这就是一个很好的证据，不是吗？"

有一次，一位非信徒对我说："我一直在研究施洗约翰的生平，慕迪先生，你为什么不多传讲他呢？比起基督，他更有特色。你的事工会更有成效。"

我对他说："我的朋友，你来传讲施洗约翰，我跟着你，我传讲基督，看看谁的成效会是最好。"

"你将会有最好的成效，"他说，"因为人们太迷信了。"

啊哈！约翰被砍头，他的门徒求得他的尸体，将其埋葬；但是，基督则已经从死里复活。祂已升上高天，掳掠仇敌；你在人间，受了供献（诗 68：18）。我们的基督永活着。很多人尚未意识到，基督已经从坟墓中复活了。他们敬拜死去的救主。他们就像马利亚，说，有人把我主挪了去，我不知道放在哪里（约 20：13）。这就是怀疑我们主的神性的人的一块心病。

然后，看看《马太福音》十八章20节：因为无论在哪里，有两三个人奉我的名聚会，那里就有我在他们中间。就此打住，假如耶稣只是一凡人，祂怎么可能同在呢？所有这些都是有力的经文。同在《马太福音》二十八章 18 节：耶稣进前来，对他们说，"天上地下所有的权柄都赐给我了。"倘若祂只是凡人，会这样说话吗？　天上地下所有的权柄都赐给我了。接着读《马太福音》二十八章20节：凡我所吩咐你们的，都教训他们遵守，我就常与你们同在，直到世界的末了。如果祂只是凡人，怎么可能和我们同在？然而，祂说，我就常与你们同在，直到世界的末了。

现在，来看《马可福音》二章7-9节：

> "这个人为什么这样说呢？他说僭妄的话了！除了神以外，谁能赦罪呢？"耶稣心中知道他们心里这样议论，就说："你们心里为什么这样议论呢？或对瘫子说'你的罪赦了'，或说'起来，拿你的褥子行走'，哪一样容易呢？"

有些人见到你，会说："以利沙不是也叫死人复活吗？"请注意，在极少数的场合下，靠着神的大能，人能使死人复活。他们呼求神来做这件事。但是，当基督在地上时，祂不需要呼求父使死人复活。祂去睚鲁家时，祂说，闺女，我吩咐你起来（可 5：41 ）。

祂有能力赋予生命。当他们把死了的少年人抬出拿因的时候，耶稣怜悯那寡妇母亲，就上前摸着棺材说，少年人，我吩咐你，起来吧（路 7：14）。祂说了这话，那死人就起来了。祂使拉撒路复活时，大声呼叫说，拉撒路出来（约 11：43）。拉撒路听见，就出来了。有人说，点名叫拉撒路恰如其分，否则的话，凡在基督呼声所及之内的死人都会立即复活。

《约翰福音》五章 25 节，耶稣说，我实实在在地告诉你们,时候将到,现在就是了,死人要听见神儿子的声音,听见的人要活了。祂若非神,这话将多么亵渎神!你只需查考神的话语,便知铁证如山。

然后,还有一件事——除了耶稣基督,没有哪个好人允许任何人敬拜他。行神迹后,耶稣从未斥责敬拜祂的人。在《约翰福音》九章38节,我们读到,当那瞎子被基督发现时,他说,"主啊,我信。" 就拜耶稣。主没有呵责他。

《启示录》二十二章6-9节说:

> 天使又对我说:"这些话是真实可信的。主就是众先知被感之灵的神,差遣他的使者,将那必要快成的事指示他仆人。""看哪,我必快来!凡遵守这书上预言的有福了!"

> 这些事是我约翰所听见、所看见的,我既听见、看见了,就在指示我的天使脚前俯伏要拜他。他对我说:"千万不可!我与你和你的弟兄众先知,并那些守这书上言语的人,同是作仆人的。你要敬拜神。"

我们在此看到,即使是天使也不许约翰敬拜他。甚至,是那来自天堂的天使!如果,加百列(Gabriel)、撒拉弗(Seraph)、基路伯(Cherub)、米迦勒(Michael),或天使长(Archangel),当着神的面前降到人间,若敬拜这些天使,便是一种罪愆。敬拜神!如果耶稣基督不是道成肉身,我们敬拜祂就犯了拜偶像的罪。《马太福音》十四章 33 节，我们读到：在船上的人都拜他，说，"你真是神的儿子！"祂没有斥责他们。《马太福音》八章 2 节，我们读到：有一个长大麻风的来拜祂，说，"主若肯，必能叫我洁净了。"见《马太福音》十五章25节：那妇人来拜祂，说，"主啊，帮助我！"

还有许许多多其他的经文，但我认为，我给的这些经文，毋庸置疑，足以证明我主的神性。

《使徒行传》十四章告诉我们，路司得的异教徒拿着花圈来，要献祭给保罗和巴拿巴。因为他们治好了一个瘸腿的。但是，使徒们撕开衣服，告诉这些路司得人，自己是凡人，不能被敬拜；仿佛这是一桩大罪。若耶稣基督仅是凡人，那么敬拜祂，我们全都犯了大罪。

但是，正如我们相信，祂如果是深受神爱戴的独生子，我们就应降服于祂。让我们安息在祂全面救恩的圣工中，并在一生的日子里事奉祂。

第六章

悔改与补偿

> 世人蒙昧无知的时候，神并不监察，如今却吩咐各处的人都要悔改。（徒 17: 30）

悔改是圣经的基本教义之一。但我相信，这是当今许多人不太理解的真理之一。与任何其他教义相比，在关于悔改、重生、赎罪和类似的基要真理上，今天有更多的人处在迷茫和黑暗中；尽管这种人我们从早年就听说过。假如，我要问悔改的定义，很多人会给出一个稀奇古怪、不着边际的解释。

除非一个人有心悔改并远离罪，否则，他不会有心相信或接受福音。在施洗约翰遇见基督之前，他惟有一句话：天国近了！你们应当悔改（太 3: 2）。但是，如果他继续这样说，并且就此而已，不将人们指向基督——神的羔羊，他其实没有成就多少。

当基督降临时，祂在旷野发出同样的呼声：天国近了，你们应当悔改（太 4: 17）。当我们的主差遣祂的门徒出去时，也带着同样的信息——叫人悔改（可 6：12）。耶稣得荣耀后，当圣灵降临时，彼得在五旬节那天也同样大声呼叫：悔改。正是这传讲——悔改并相信福音——带来了如此神奇的结果（徒 2：38-47）。保罗去雅典时，他发出同样的呼声：神如今向人吩咐，各处的人都要悔改（徒 17：30）。

在我谈谈悔改是什么之前，让我先简单说一下它不是什么。

悔改不是惧怕。很多人把两者混淆了。他们认为他们必须感到惊慌和恐惧，因此，他们等待着某种惧怕降临在他们身上。众多的人感到恐慌，但并没有真正悔改。有时，水手们在海上遇到一场可怕的风暴时，平时满嘴脏话会突然安静下来，险境处还哀求神怜悯。但是，你不会说他们悔改了，因为，风暴过后，他们便照旧脏话连篇。你也许认为当神将可怕的瘟疫降到埃及王（法老）和他的土地上时，他就悔改了。但他根本没有悔改。神的手移开的那瞬间，法老的心比以往任何时候都更刚硬。法老没有从任何一个罪中回转；他还是同一个人。此处没有真正的悔改。[17]

通常，当一个家庭有人死亡时，全屋子人似乎因这件事都会悔改归正，但在六个月之内，这一切便被遗忘。阅读本文的人也许已经有过这种经历。当神的手重重地落在他们身上时，看起来他们似乎要悔改，但是，当试炼被移除时，这种印象就消失了。

17　参见和合本圣经《出埃及记》。

悔改与补偿

悔改不是感觉。很多人都在等待某种感觉的到来。他们想转向神，但认为除非这种感觉出现，否则无法做到。我在巴尔的摩（Baltimore）的时候，每周日在监狱里向九百名犯人讲道。那里几乎无人不感到凄惨。人人百感交集。被监禁的第一周或十天里，他们中的许多人一半时间都在哭。但当他们被释放后，其中多数人又重操旧业。事实是，他们仅为被逮住而感到沮丧；仅此而已。你见过有人在困境中悲情楚楚，但常常是因为他遇到了麻烦——并非因为他在意自己犯了罪，也不是他的良心告诉他，他做了在神眼前为恶的事。似乎看来，审判会导致真正的悔改，但是情感，往往只会渐渐消失。

悔改不是禁食和苦炼。一个人可能禁食数周、数月和数年，但连单单一个罪都不会悔改。

悔改不是悔恨。犹大懊悔莫及——足以让他去上吊——但这不是悔改。我相信，如果他去见主，俯伏在地，承认他的罪，他可能会被赦免。相反，他去了祭司那里，然后结束了自己的生命[18]。一个人可以有各种各样的忏悔，但是没有真正的悔改。记住这一点。你不能为你灵魂的罪，仅献上肉体果效的祭来满足神的要求。断不能有这样的妄想！

悔改不是认罪。这定论对某些人来说，可能听起来很奇怪。我见过人们对自己的罪深信不疑，以至于彻夜难眠，茶饭无心。他们可以在这种状态下持续好几个月，但没有归正。他们没有真正地悔改。不要把认罪与悔改混为一谈。

18　有关犹大的记载，参见和合本圣经《马太福音》二十七章。

天路

悔改不是祈祷。这话听起来也很奇怪。很多人为自己灵魂的得救感到焦虑时，会说："我要祷告，读圣经。"他们认为这么做会带来期望的效果，但其实达不到。你也许会读圣经，向神呼求很多，但从不悔改。许多人向神大声呼求，但不悔改。

悔改并不是避免犯一些罪。很多人都犯了这个错误。一个酒鬼可能会承诺戒酒。仅仅不犯一种罪不是悔改。放弃一个恶习就如当整棵树都必须被砍倒时，仅折断一根树枝。亵渎的人停止咒骂；这当然非常好。但如果他不转离每一个罪，就不是悔改；这不是神在灵魂中的工作。当神作工时，祂砍倒整棵树。祂要你转离一切的罪。

假设我在一艘出海的船上，我发现这艘船有三、四个地方漏水了。我堵住一个漏洞，但是船还是会下沉。或者，假设我有三、四个地方受重伤，我治疗了一个伤口；如果我置另外两三处伤口不顾，很快我就没命了。真正的悔改不是仅仅转离某个特定的罪。

那么，究竟什么是悔改呢？我给你一个很好的定义：它是"一百八十度的逆转或完全逆转！"在爱尔兰语中，悔改这个词的意思甚至比"一百八十度的逆转"更深广！它意味着一个一直朝一个方向走的人不仅转过身，而且是朝正反方向迈进。你们转回，转回吧！离开恶道，何必死亡呢？（结33：11）。一个人的情感有多有少，但如果他不转离罪，神就不会怜悯他。

悔改与补偿

悔改也被描述为心志的转变。例如,基督用了个比喻:一个人有两个儿子,他来对大儿子说,'我儿,你今天到葡萄园里去作工。'他回答说:'我不去。'他说了'我不去'后,想了想又改变了主意。以后自己懊悔就去了(和合本:太21: 28-29)。或许他对自己说,"我对父亲说话不是很恭敬。他让我去作工,我告诉他我不去,我想我错了。"但假设他只说了这句话,还是没有去;那就不是悔改。但他确实去了。他不仅确信自己错了,而且还走进葡萄园作工。这就是基督对悔改的定义。如果一个人说,"靠着神的恩典,我将弃绝我的罪,并遵行祂的旨意",那就是悔改——方向上的彻底改变。

有人说,人生来就是背离神的。当他真正悔改时,他转向神;背离他的旧生活。

一个人能立刻悔改吗?当然可以。转个身毋需很长时间。一个人不需要六个月就可以改变思想。不久前,有一艘船在纽芬兰海岸沉没。当船驶向岸边时,船长本可以下令逆转引擎,倒过头来。此刻,如果引擎被逆转,那艘船就得救了。但是,也有那么一刻,一切都太晚了。因此,我相信,在每个人的生命中,都有那么一刻,当他可以停下来说:"靠着神的恩典,我不会再向死亡和毁灭迈进一步。我要为我的罪悔改并背离它们。" 你也许会说你没有足够的感觉,但如果你确信自己走错了路,就当转过身来,说:"我将不再像以前那样,走反叛和犯罪的道路了。"

> 人生来就是背离神的。

就在那一刻，当你愿意转向神时，救恩就可能是你的。我发现圣经中记录的每一个归正都是瞬间发生的。悔改和信心突然降临。一个人下定决心的那一刻，神就给了他力量。神不会要求任何人做他没有能力做的事。假如他们没有能力悔改，祂不会指令各处的人都要悔改（徒 17：30）。如果你不悔改，不相信福音，那么除了你自己之外，没有人可以责怪。

早些日子，俄亥俄州一位福音派的牧师给我写了一封信，描述他的归正。他的归正有力地说明了瞬间决定的观点。他这么写：

> 我十九岁时，在佛蒙特州跟一位基督徒律师攻读法律。一天下午，他不在家，我进屋时，他的妻子对我说："我希望你今晚和我一起去上课，成为一名基督徒，这样，我丈夫不在家的时候，你就可以在这里主持家庭敬拜。"

> "好吧，我会去，"我不假思索地说。当我再次走进屋时，她问我说的话是否算数。我回答说："是的，单就和你一起去参加会议而言，那是出于礼貌而已。"

> 我和她一起去上课，就像我以前经常做的那样。一所小校舍里，大约有十几个人在场。除了我和另外两个人之外，领头的人已经和房间里的每个人都说过话。当他正在和我旁边的人说

话时，我突然起了个念头，他会问我有什么要说的。我对自己说，我决定成为一名基督徒已有多时；为什么不从现在开始？

这些想法从我脑海中闪过之后不到一分钟，领头的人用很熟悉语气对我说——因为他很了解我——"查尔斯弟兄，你有什么要说的吗？"

我非常冷静地回答说："是的，先生，刚才那三十秒内，我已经决定开始一个基督徒的生活，我希望你为我祷告。"

我的冷静让他吃惊。我想他几乎怀疑我的诚意了。他没说多少，接着继续和另外两人说话。一阵寒暄后，他转向我，说："查尔斯弟兄，你能以祷告来结束会议吗？"

他知道我从来没有在公共场合祷告过。直到这一刻，我一点感觉都没有。纯粹都是礼尚往来。我的首个想法是我不会祷告，我要请他原谅我。我的第二个想法，是我已经说过我将开始一个基督徒的生活，而祷告是基督徒生活中的一部分。因此我说，"让我们一起祷告。"就在我开始跪下到我的膝盖碰到地板之间的某个时刻，主 改变了我的灵魂。

> 我说的第一句话是:"荣耀归于神!"之后,我都不知道我说了些什么。不过,这无所谓,因为我的灵魂已充足,仅能说"荣耀!"从那时起,魔鬼就再也不敢挑战我的归正。一切赞美归于基督。

许多人在等待某种奇迹般的感觉降临在他们身上——某种神秘的信心。早些年前,我和某个人说话,他总是给我相同的答案。有五年的时间,我试图赢得他归向基督,每年他都说:"我还没有被触动。"

"伙计,你这是什么意思?什么东西没有打动你?"

"嗯,"他说,"除非它触动我,否则我不会成为基督徒;它还没有触动我。我所见的,和你所见不一样。"

"可是,你不知道你是个罪人吗?"

"是的,我知道我是个罪人。"

"那好吧,你难道不知道神要怜悯你——神是宽恕的吗?祂要你悔改并归向祂。"

"是的,我知道这一点;但我还没有被打动。"

他总是回到"触动"上来。可怜的人!他走进坟墓时,还在那里犹豫不决。神给了他六十年的时间去悔改,而在终了,他仅仅说,他还没有被打动。

有没有读者也在等待某种奇特的感觉?圣经中没有任何地方告诉人要等待。神吩咐你现在就悔改。

当一个人不想被宽恕时,你认为神会宽恕他吗?如果,

悔改与补偿

他持这种心态，神饶恕了他，他会幸福吗？假如你的孩子做错了，不悔改，你就不能原谅他。不然，你会对他不公。假设，他走到你的办公桌前，偷了十美元，然后挥霍掉。当你回家时，你的配偶告诉你，儿子偷了钱，挥霍一空。你问儿子，这是不是真的，他否认，但最终你有证据。甚至，当他发现无法再推诿，他不但不认罪，反而说一有机会，他就会再犯。

神吩咐你现在就悔改。

你会不会对他说，"好吧，我原谅你"，然后把这件事搁在那里？不，我们所做的每件事都有其后果，无论是在地球上，还是在受神审判时！尽管如此，人们仍说，神会救赎每一个人，不管他们是否悔改——酒鬼、小偷、妓女、嫖客，没有任何区别。

"神是如此的仁慈，"他们会说。亲爱的朋友，不要被这个世界的神所欺骗。哪里有真正的悔改，从罪恶转向神，神就会与你相会、祝福你；但祂永远不会赐福与你，除非你有真诚的悔改。

就在这方面而言，大卫在对待他叛乱的儿子押沙龙这件事上，犯下一个可悲的错误。当押沙龙的心不曾改变时，对押沙龙而言，没有比大卫原谅他更为不公了。没有悔改，父子之间就没有真正的和解。但是，神不会犯这些错误。正因为判断错误，大卫惹上麻烦。他儿子很快就把自己的父亲赶下了王位。

谈到悔改，圣路易斯的布鲁克斯博士说：

> 悔改，严格来说，是指心志或人生目标的转变；由此，这是宣判，是罪人对自己的宣告，基于神之爱彰显在基督之死，放弃对自己的所有信心而坚信唯一的救主。得救悔改和得救信心总是相辅相成的，你若信，就必不担心悔改。

有些人不确定他们是否有了足够的悔改。如果，你的意思是说，要让神怜悯，条件是你必须悔改才行，那你越早放弃这种悔改越好。神已经是仁慈的，正如祂在骷髅地的十字架上充分展示的那样。你仅以为你的眼泪和痛苦会感动祂，却不知道神的恩慈是领你悔改（罗 2:4），那是对祂慈爱之心的严重羞辱。不是你的恶，乃是祂的良善引导你悔改；因此，悔改的真道，是惟有信靠主耶稣基督，祂是为我们的过犯交付，是为我们称义而复活（罗 4:25）。

有了真正的悔改，就会结出果实。如果我们亏欠了任何人，直到我们愿意补偿那被伤害的人，我们永远不应该请求神原谅我们。如果，我对人做了不公的事，而我能纠正，那么，在我纠正之前，我不应请求神原谅我。假设，我拿走了不属于我的东西，直到物归原主，我无权期望得到宽恕。

我记得，在某个大城市讲道，讲道后，一位仪表端正的人向我走来。他心里极度苦恼。"事实是，"他说，"我挪用

悔改与补偿

公款了。我贪污了雇主的钱。不把钱全数还了，我怎能成为基督徒呢？"

我问他："你还有钱吗？"

他告诉我，他没有全数。他拿了大约一千五百美元，剩下大约九百美元。他说："我不能拿那笔钱创业，赚足够的钱还给他们吗？"

我告诉他，这是撒旦的幻觉，他不能指望靠偷来的钱发财。我告诉他，他应该把剩下的钱全部归还，求他的雇主怜悯他，原谅他。

"他们会把我送进监狱，"他说。"你就不能帮帮我吗？"

"不，你必须先把钱还了，才能盼望从神那里得到任何帮助。"

"这太难了，"他说。

"是的，是很难，但更大的错误，是你一开始就做错了。"

他的担子沉重到难以承受。他把钱递给我——大约九百五十美元——并让我把钱还给他的雇主。第二天晚上，两个雇主在教堂的一个旁屋里会见了我。我把钱放下，告诉他们，这钱是他们的一名员工的。我跟他们讲了事情的来龙去脉，说员工想要的是他们的怜悯，而不是公道。两个人潸然泪下，说："原谅他！是的，我们很乐意原谅他。"我下楼把他领上来。他认罪并得到宽恕之后，我们一起跪下，举行蒙福的祷告会。神就在那里与我们相会、祝福我们。

天路

不久前,我的一个朋友归向基督,愿将自己和他的财富奉献给神。他以前在与政府做交易中牟取私利。他悔改归正了,这事就跑出来困扰他的良心。他说:"我想奉献我的财富,但神可能不会接受。"他内心极度挣扎;惶惶终日。最后,他写了一张一千五百美元的支票,寄给了美国财政部。他告诉我,当他完成这件事时,他得到了极大的祝福。他的转变,结出了悔改的果子(太3:8)。我相信,很多人都在向神呼求亮光,但他们没有得到,这是因为他们不诚恳。

有一次,我在讲道,完后,有个人来找我。他说:"你注意到我的头发已经花白了,可是我才三十二岁。十二年来,我心负重担。"

"嗯,"我说,"什么事?"

他看了看四周,仿佛怕有人听到。"是这样,"他回答说,"我父亲死后,留给我母亲一份县报业,这是她唯一的经济来源。父亲死后,报纸开始走下坡路,我看到我母亲很快就陷入了困境。那栋楼和报纸有一千块美金的保险;我二十岁的时候,放火烧了楼,拿了那一千块保险金给了我妈妈。十二年来,我一直深陷于罪疚中。我试图通过沉迷于享乐和罪来淹没它。我还诅咒神。我一直对人不忠。我试图说服自己,圣经不是真实的。我已经尽了我所能做的,这些年来我一直苦不堪言。"

我说:"有办法解决。"

他问:"什么办法?"

悔改与补偿

我说:"赔偿。我们坐下来算利息,然后你把钱连本带利付给公司。" 你会看到他的脸发光：当他发现,居然有人怜悯他。他说,他只要能得到原谅,就很乐意偿还这笔钱和利息。

今天,有些人处在黑暗和捆绑中,这是因为,他们不愿意认罪,离弃他们的罪。如果一个人不愿意承认自己的罪,我不知道,他如何能希望得到宽恕。

记住,今天,是你将得到怜悯的唯一之日。你要当即悔改,抹去你可怕的罪孽记录。神等着饶恕你。祂正在寻求把你带到祂那里,但我认为,圣经清楚地教导说,来世没有悔改。 有些人会告诉你,在坟墓里还有悔改的可能性,但我在圣经中没有找到这种说法。我很仔细地翻阅了整本圣经,没有发现一个人死后还有一次得救的机会。

> 如果一个人不愿意承认自己的罪,我不知道,他如何能希望得到宽恕。

你为什么还要求更多的时间？你现在就有足够的时间悔改。如果你愿意,你可以立刻摆脱罪恶。主耶和华说,我不喜悦那死人之死,所以你们当回头而存活(结 18:32)。

基督说他来本不是要召义人悔改,乃是召罪人悔改(路 5:32)。你是罪人吗？如果是,悔改的呼召就是针对你的。站在救主的脚下,在尘土中承认你的罪。像古时的税吏一样,说,神啊,开恩可怜我这个罪人,看祂会多快地赦免和祝福你(路 18:13)。祂甚至会称你为义,并认你是义人，因那在十字架上，以自己的身体承担了你的罪孽，那一位的公义。

或许有些人认为他们是公义的，他们不需要悔改和相信福音。就像比喻中的法利赛人，他感谢神，不像别人——勒索、不义、奸淫，也不像这个税吏，接着说，我一个礼拜禁食两次；凡我所得的，都捐上十分之一。对这种自以为义的人的审判是什么？我告诉你们，这人（那可怜，懊悔，悔改的税吏）回家去，比那人倒算为义了（路 18：11-14）。没有义人，连一个没有（罗 3：10）。世人都犯了罪，亏缺了神的荣耀（罗 3：23）。

没有人能说他不需要悔改。让每个人都知道自己的真实位置——罪人的位置；然后，神会把他提升到宽恕和称义的地方。因为凡自高的，必降为卑；自卑的，必升为高（路 14：11）。无论何处，当神看到内心真正的悔改，祂就会与那个灵魂相会。

前段时间，我在科罗拉多州传福音，听到了一件触动我心的事。该州州长前来视察监狱。在一间牢房里，他发现，一个男青年在他的牢房窗台上种满了鲜花，这些花似乎得到非常精心的照料。州长看了看犯人，又看了看花，问这些花是谁的。"这些是我的花，"犯人说。

"你喜欢花吗？"

"是的，州长先生。"

"你来这里多久了？"

悔改与补偿

男青年告诉他好多年了；他被判了很长的刑期。州长见他这么喜欢花，就很惊讶，说："你能告诉我，你为什么这么喜欢这些花吗？"

他感慨地说："我母亲在世的时候，她很喜欢花；当我来到这里后，我想，种上这些花会让我回忆起我的母亲。"

州长听了非常高兴，说："好吧，年轻人，你既然这么思念你的母亲，我想你会珍惜你的自由。"他当即就赦免了他。

当神发现真正悔改的美丽花朵在一个人的心中绽放时，救恩就会临到那个人。

第七章

救恩的确据

我将这些话写给你们信神儿子之名的人,好叫你们知道自己有永生。(约壹 5:13)

有两类人不应该有得救的确据:第一类,是人在教会,但没有归正,从未从圣灵生的人。第二类,是那些不愿意遵行神旨意的人,也没有准备好按照神为他们规划的道路行,只是按照自己的意愿行事。

有人会问:"所有神的子民都有确据吗?"

不;我认为,很多神亲爱的子民都没有确据。但是,神的每个孩子的权利,是毋庸置疑,确切地知道自己有救恩。满心疑惑的人,不适合为神服务。一个人,若对自己的救恩都没有把握,他怎么能帮助别人进入神的国呢?如果,我处于溺水的险境,却不知道我是否能到达岸边,我就无法帮助其他人。我得自己先上了那块磐石,然后才能向我的兄弟伸出援手。如果，我是个盲人，却告诉另一个盲人如何恢复视力，他可能会说："你先治好你自己，然后再来告诉我。"

我最近遇到一个年轻的基督徒，但他还没有战胜罪。他处在极度黑暗之中。这样的人不适合为神工作，因为他被自己的罪所捆绑。他没有胜过自己的疑惑，因为，他没有战胜他自己的罪。

对自己得救没有确据的人，没有时间或心为神作工。这些人忙于对付自己的疑虑和罪，无法帮助别人背负重担。哪里有疑惑和不确定性，哪里就没有安息、喜乐、或平安——没有自由或动力。

撒旦有三个我们应该提防的诡计。首先，他竭尽全力要使我们远离基督；然后，他潜心引诱我们进入"疑惑城堡"；如果我们对神的儿子有清晰的见证，他就会竭尽所能地玷污我们的品格，抹黑我们的见证[19]。有人以为，没有疑惑便是自以为是，但疑惑是对神的极大羞辱。如果有人说他认识一个人三十年，但还是怀疑他，那是不太可信的；然而，我们已认识神十年、二十年、三十年，怀疑祂岂能反映祂真实的品格吗？

> 疑惑是对神的极大羞辱。

保罗和早期的基督徒、殉道者，如果心中充满疑惑，不知道自己受火刑后，是上天堂还是下地狱，岂能经历他们的艰辛历程吗？他们必定有救恩的确据。

查尔斯·司布真[20]说（Charles Spurgeon）：

19　原注：出自约翰·班扬的《天路历程》(The Pilgrim's Progress)。银月出版社（Aneko Press）有卖。

20　查尔斯·司布真（Charles Spurgeon, 1834-1892），十九世纪英国浸信会牧师，佈道家。

救恩的确据

我从未听说过一只鹳,当它遇到一棵枞树,想知道它是否有权在那里筑巢;我从未听说过一只岩獾,质疑它是否被允许跑进它的岩洞。如果,它们总是怀疑和害怕,是否有权使用神为它们提供的东西,这些生物很快就会灭亡。

鹳自言自语:"啊,这里有一棵枞树。"

它与它的配偶商量,"我们好在这里的巢穴生养幼崽?"

"当然,"她说,然后它们采集、整理材料。它们从来不问"我们是否可以在这里筑巢吗?"的问题。它们拿着枝子就筑起巢来。

悬崖上的野山羊,从来不问:"我有资格在这里吗?"不,它不在此处便在他处,而悬崖正适合它,它便向悬崖跑去。

尽管这些弱小的动物都知道神的预备,罪人却不认识救主的预备。罪人狡辩道,"我可以吗?"并说,"恐怕这不是给我的","它不可能是为我准备的","我担心,这好的甚至难以置信。"

然而，从来没有人对鹳说："有谁在这棵枞树上筑巢，他的窝就永远不会被拆掉。"从来没有人对岩獾说过任何激励的话："有谁跑进这个岩石裂缝里，就永远不会被赶出来。"如果真是这样，它们的确据就会加倍。

然而，基督在此是为罪人预备的，正是罪人所需要的救主，而且还加有激励的话，*到我这里来的，我总不丢弃他*（约 16：37），*愿意的，都可以白白取生命的水喝*（启 22：17）。

现在，让我们来看神的话语。约翰在他的福音书中告诉我们，基督在地上为我们做了什么。在他的信中，祂告诉我们，耶稣作为我们的中保在天上为我们做什么。在《约翰福音》中，只有两章没有"相信"这个词。除了这两章之外，《约翰福音》每一章都是"信！信！信！"他在《约翰福音》二十章 31 节告诉我们，*但记这些事要叫你们信耶稣是基督，是神的儿子，并且叫你们信了祂，就可以因祂的名得生命*。这就是约翰写这福音书的目的——要叫你们信耶稣是基督，是神的儿子，并且叫你们信了祂，就可以因祂的名得生命。

在《约翰一书》五章13节中，约翰告诉我们，他为什么写这封信：*我将这些话写给你们信奉神儿子之名的人*。注意他是写给谁的：*你们信奉神儿子之名的人，要叫你们知道自己有永生，并且叫你们信了祂，就可以因祂的名得生命*。

救恩的确据

《约翰一书》只有短短的五章,而"知道"这个词出现了四十多次。"知道!知道!知道!"关键是"知道"!贯穿整封信中,有一句反复出现的话"叫我们知道我们有永生"。

几年前的春天,我顺着密西西比河向下行了一千二百英里。每天傍晚,正当太阳落山时,我看到男的,有时是女的,骑着骡子、马,有时步行,来到大河的两岸,点燃导航的灯。沿着这条巨大的河流,一路下来,到处是地标,指引着导航员,驾驶着船只在险境中航行。神给了我们灯光或地标,来告诉我们是否是祂的孩子;我们需要做的是检验祂给我们的标志。

在《约翰一书》三章中,有五件事,我们应该"知道"。在第五节,我们读到第一件事:*你们知道主曾显现,是要除掉人的罪,在祂并没有罪。*不是我曾做过什么,而是祂做过什么。祂的使命失败了吗?祂难道不是完成了祂来要做的事吗?任何天上派来的人,何曾失败过?神的独生子,难道会失败吗?祂来,是要除去我们的罪。

> 不是我曾做过什么,而是祂做过什么。

《约翰一书》三章19节,是我们要知道的第二点:*从此,就知道我们是属真理的,并且我们的心在神面前可以安稳。*我们知道我们是属于真理的。真理若叫我们自由,我们就真的自由了。所以天父的儿子若叫你们自由,你们就真的自由了(约 8:36)。

第三件事是在第十四节：我们因为爱弟兄，就晓得是已经出死入生了。未得救的人，不喜欢敬虔的人，也不想与敬虔的人为伍。没有爱心的，仍住在死中。未得救的人，没有灵命。

在第二十四节，我们看到第四件值得知道的事：遵守神命令的，就住在神里面，神也住在他里面。我们所以知道神住在我们里面，是因祂所赐给我们的圣灵。如果基督的灵住我们里面，我们就知道我们有什么样的灵。我们都有像基督一样的灵——程度虽不同，但本质相同。如果我温顺、温柔、宽容；如果我有一个充满平安和喜乐的灵；如果我耐心且温柔，像圣子一样——那就是一个验证，凭此验证，我们就可以判断，我们是否有永生。

第五件事倍受关注，且是其中最好的，是显明在《约翰一书》三章2节中：亲爱的，现在。注意现在这个词。这里没有说"当你死了"。亲爱的弟兄啊，我们现在是神的儿女，将来如何，还未显明；但我们知道，主若显明，我们必要象祂，因为必得见祂的真体。

但有些人会说，"好吧，我相信这一切，可是，自从我成为基督徒以来，我还是犯罪。"地球上，有没有任何男女，自从成为基督徒之后，就没有犯过罪？一个也没有！在众基督徒经历中，从来没有，也永远不会有一个在地球上没有犯罪，或不会犯罪的灵魂。但是，神已经为信徒的罪作了预备。不是我们为信徒的罪预备；是神已经预备。请记住这一点。

救恩的确据

翻到《约翰一书》二章1节：我小子们哪，我将这些话写给你们，是要叫你们不犯罪。若有人犯罪，在父那里我们有一位中保，就是那义者耶稣基督。约翰是写信给义者。若有人犯罪，我们——约翰将自己置身其中——在父那里我们有一位中保，就是那义者耶稣基督。如此的一位中保！祂在至高的位置——神的宝座——眷顾我们的心思意念。祂说，然而，我将真情告诉你们，我去是与你们有益的（约16：7）。祂去，成为我们的大祭司和中保。祂有过一些棘手的案件要辩护，但祂从未败诉过。如果，你将不朽的事交托与祂，祂将叫你们无瑕无疵，欢欢喜喜站在祂荣耀之前（犹24）。

基督徒过去的罪，一经认罪，既往不咎，永远不提。这是一个不能再打开的问题。我们的罪若被除去了，就此为止。过去的罪，不应该被记住；神不会再提及它们了。非常简单明了。假定我的儿子，在我不在家时，做错了事。当我回到家，他搂着我的脖子说："爸爸，我做了你叫我不要做的事。我很抱歉。请原谅我。"

我说，"好的，我的儿子，"然后，给他一个吻。他擦干眼泪，欢欢喜喜地走了。

第二天，他说："爸爸，我希望你能原谅我昨天做的错事。"

我说，"这是如何，儿子，那事已经解决了，我不想再提了。"

"但我希望你能原谅我，听到你说'我原谅你'，对我会有所帮助。"

这是尊重我吗？我的孩子怀疑我，难道不会让我伤心吗？为了让他满意，我再次说："我原谅你，我的儿子。"

隔天，如果他再次提起那个旧罪，请求原谅，那不是让我伤心透顶吗？所以，我亲爱的读者，如果神已经原谅了我们，我们就永不旧事重提。让我们忘记背后的事，努力前面的事，*向着目标直跑，要得着神在基督耶稣里从上面召我来得的奖赏*（腓3：13-14）。往事已过，既往不咎。*我们若认自己的罪，神是信实的，是公义的，必要赦免我们的罪，洗净我们一切的不义*（约壹1：9）。

我可以说，这一原则，在司法系统中得到认可。有个案件，上告到某个国家的法院——我不说在哪里 —— 有个男子跟他的妻子有嫌隙。他先饶恕了她，之后却将她告到法庭。当法官得知他已经饶恕了她，就裁定这件事祆是解决了。法官认证这一原则的健全性，罪既赦免，就此结束。你认为，审判全地的法官，已经赦免你和我，过后，还会再次提起罪吗？神若赦免，我们的罪既被除去，无论是现今还是永恒。我们，必须认罪、摈弃罪。

现在，来读《哥林多后书》十三章5节：*你们总要自己审察有信心没有，也要自己试验！岂不知你们若不是可弃绝的，就有耶稣基督在你们心里吗？*现在，来审察自己。试试你的信仰。把它放在考验中。你能饶恕你的仇敌吗？这是一个很好的方法，可以用来检验，你是否是神的孩子。你会象基督那样，甘愿受辱，以德报怨？你能因工作做得好，反被责备，而不抱怨吗？你能蒙冤受屈，仍然持受如基督一般的灵吗？

《加拉太书》五章提供了另一个很好的检验。关注圣灵所结的果子，看看你是否拥有列出来的品质。圣灵所结的果子就是仁爱，喜乐，和平，忍耐，恩慈，良善，信实，温柔，节制。这样的事，没有律法禁止（加 5：22-23）。如果，我有圣灵所结的果子，我就必然有圣灵。正如橘子，没有橘树不能生长，我不能没有圣灵而结圣灵的果子。耶稣说，凭着他们的果子，就可以认出他们来（太 7：16）。看果子就可以知道树（太 12：33）。把树培养好了，果子就会好。获得果子的唯一途径，就是拥有圣灵。这是鉴察我们是不是神的孩子的方法。

另一个非常引人注目的经文，是《罗马书》八章9节。保罗说，人若没有基督的灵，就不是属基督的。这句经文，把属灵的问题一下就解决了——哪怕有人通过了所有的外在形式，成为某教会的一员。读读保罗的一生，对照你自己的一生[21]。倘若你的生命与保罗相似，就证明你是重生的 ——在基督耶稣里新造的。

> 称义是即刻的，成圣乃是一生的工作。

尽管你是重生的，成长为一个成熟的基督徒仍需要时间。称义是即刻的，成圣乃是一生的工作。我们要在智慧上长进。彼得说，你们却要在我们主救主耶稣基督的恩典和知识上有长进（彼后 3：18）。他还写到：

21　原注：有关保罗的生平故事，参见《使徒行传》九章至二十八章，《加拉太书》一章11-23节，《以弗所书 》三章，《 腓立比书》三章3-15节，《 提摩太前书》四章6-8节。

正因这缘故,你们要分外地殷勤。有了信心,又要加上德行;有了德行,又要加上知识;有了知识,又要加上节制;有了节制,又要加上忍耐;有了忍耐,又要加上虔敬;有了虔敬,又要加上爱弟兄的心;有了爱弟兄的心,又要加上爱众人的心。你们若充充足足地有这几样,就必使你们在认识我们的主耶稣基督上,不至于闲懒不结果子了。(彼后1:5-8)

我们要恩上加恩。一棵树,在其第一年,也许成长得很完美,但它尚未达到完全成熟。基督徒亦如此。他也许真正是神的孩子,但不是成熟的基督徒。

《罗马书》第八章非常重要,我们应该熟记。使徒在第十四节经文说:因为凡被神的灵引导的,都是神的儿子。正如士兵由他的官长领导,小学生由老师指导,旅行者由向导带领,圣灵将带领每一位神的真实孩子。

把你的注意力,集中到另一事实。几乎在每一封信中,保罗所有的教导都醒目地阐明确据的教义。他在《哥林多后书》五章1节中说,我们原知道,我们这地上的帐棚若被拆毁,必得神所造,不是人所造,在天上永存的房屋。他在上面所说的房屋前有个抬头 (天上永存的),而且,他说"我知道。"他没有活在模棱两可中。他说他情愿离世与基督同在,如果他不确定,就不会这么说(腓1:23)。然后在《歌罗西书》三章4节,他说,基督是我们的生命,祂显现的时候,你们也要与祂一同显现在荣耀中。我被告知,以撒·华兹博士的墓碑,刻有同样的经文。这段经文,绝无疑惑之处。

救恩的确据

现在,翻开《歌罗西书》一章12-13节:又感谢父,叫我们能与众圣徒在光明中同得基业。祂救了我们脱离黑暗的权势,把我们迁到祂爱子的国里。这些经文中有三个"<u>已经成就了</u>"的短语:叫我们,救了我们,把我们迁到。经文没有说祂<u>将</u>叫我们,祂<u>将</u>拯救我们,祂<u>将</u>迁移或改变我们,唯<u>祂已经成就了</u>。

然后在《歌罗西书》一章14节:我们在爱子里得蒙救赎,罪过得以赦免。我们要么是被赦免,要么就没有。我们应当孜孜不懈,直到进入天国,直到我们能够昂首举目说,我们原知道,我们这地上的帐棚若被拆毁,必得神所造,不是人所造,在天上永存的房屋。(林后 5:1)

看看《罗马书》八章32节:神既不爱惜自己的儿子,为我们众人舍了,岂不也把万物和祂一同白白地赐给我们吗?祂既赐给我们祂的儿子,难道还不赐给我们确据:祂是属我们的吗?我听说过下面的一个比喻:某人欠了一万美元,濒临破产,幸好有个朋友出来支付了这笔钱。后来发现,此人还多欠了一些美元。但这人丝毫不怀疑,他的朋友既然支付了那大笔的钱,照样也会支付这笔小钱。我们有足够理由说,神既赐给我们祂的儿子,祂也将万物和祂一同白白地赐给我们;如果我们确切地想得到救恩,祂不会将我们留在黑暗里。

读《罗马书》八章33-39节:

谁能控告神所拣选的人呢？有神称他们为义了（和合本原注：或作"是称他们为义的神吗？"）。谁能定他们的罪呢？有基督耶稣已经死了，而且从死里复活，现今在神的右边，也替我们祈求。（和合本原注："有基督云云"，或作"是已经死了，而且从死里复活，现今在神的右边，也替我们祈求的基督耶稣吗？"）谁能使我们与基督的爱隔绝呢？难道是患难吗？是困苦吗？是逼迫吗？是饥饿吗？是赤身露体吗？是危险吗？是刀剑吗？如经上所记："我们为你的缘故终日被杀，人看我们如将宰的羊。"然而，靠着爱我们的主，在这一切的事上已经得胜有余。因为我深信无论是死、是生，是天使、是掌权的，是有能的，是现在的事、是将来的事，是高处的、是低处的，是别的受造之物，都不能叫我们与 神的爱隔绝；这爱是在我们的主基督耶稣里的。

经文中有警醒之语。经文中有确据给你：我深信。你认为，已经称我为义的神，还会定我为罪吗？ 若如此，那是非常荒谬的。神将拯救我们，因此，无论是人，是天使，是魔鬼，都不能对我们，或神，有任何指控。神，将成就这项工作。

救恩的确据

约伯，活在一个比我们现在更黑暗的日子里，但甚至约伯都说，我知道我的救赎主活着，末了必站立在地上（伯 19：25）。

同样的信心，在保罗临终前对提摩太的一席话中，一气呵成：为这缘故，我也受这些苦难；然而我不以为耻；因为我知道所信的是谁，也深信祂能保全我所交付祂的，直到那日（提后 1：12）。这里，没有一丝疑惑，惟有认知。我知道，我深信。"希望"这个词，在圣经中，不是用来表达"怀疑"。"希望"这个词，是用来表达对基督的第二次降临，或对身体的复活的盼望。我们不说，我们希望我们是基督徒。我不说，我希望我是美国人，或者，我希望我是一个已婚男人。这些都已经确定了。我也许会说，我希望回到家里，或者，我希望参加某个会议。我不说，我希望来到这个国家，因为，我已经在这里。所以，我们若是神所生的，我们自己一定知道。如果我们查考圣经，祂不会把我们留在黑暗中。

当七十个门徒们欢欢喜喜地布道成功回来，说，主啊！因你的名，就是鬼也服了我们（路 10：17）；基督便教导门徒们救恩确据的教义。主似乎叫他们不要太兴奋，说祂会给他们值得欢喜的事。然而，不要因鬼服了你们就欢喜，要因你们的名字被记录在天上欢喜（路 10：20）。

我们每个人的特权，是要确切地知道，自己的救恩是确定无疑的。然后，我们就可以服事别人。倘若，我们对自己的救恩不确定，我们就不适合事奉神。

给我们确据的另一经文，是《约翰福音》五章24节：我实实在在地告诉你们，那听我话，又信差我来者的，就有永生，不至于定罪，是已经出死入生了。

有些人说，直到站在白色审判的大宝座前，你才能知道自己是否得救。我亲爱的朋友，如果你的生命与基督同住在神里面，你就不会被定罪。我们会被评审，来取得奖赏。在那主人如何对待那给了五千银子，又赚了五千银的仆人的比喻中，耶稣明明白白地教导这个教义，说，那领五千银子的人又带着那另外五千银子，说：'主啊，你交给我五千银子。请看，我又赚了五千银子。'主人说：'好，你这又良善又忠心的仆人，你在不多的事上忠心，我要把许多事派你管理；可以进来享受你主人的快乐！'（太 25：20-21）我们将因管家的职分而受评判。评判、得奖赏是一回事，但救恩——永生——又是另外一回事。

神会要求加倍偿还基督已为我们付清的债务吗？基督若在十字架上用自己的身体承担了我的罪，难道我仍要为我的罪负责？

《以赛亚书》五十三章5节告诉我们，他为我们的过犯受害，为我们的罪孽压伤；因祂受的刑法我们得平安，因祂受的鞭伤我们得医治。在《罗马书》四章 25 节，我们读到：祂被交给人，是为我们的过犯；复活，是为叫我们的称义。让我们相信、受益于祂所完成的事工。

救恩的确据

然后在《约翰福音》十章9节中：我就是门，凡从我进来的，必然得救，并且出入得草吃。这就是应许。《约翰福音》十章27节说：

> 我的羊听我的声音，我也认识他们，他们也跟着我。我又赐给他们永生，他们永不灭亡，谁也不能从我手中把他们夺去。我父把羊赐给我，祂比万有都大；谁也不能从我父手里把他们夺去。

想想吧！圣父、圣子和圣灵，应许保守我们。我们看见的不仅是父，是子，乃是三一神的所有三个位格。

除了神的话语之外，许多人还想要一些异象。这种习惯总是带来疑惑。如果我答应某人，明天在某个时间和地点会面，而他要拿我的手表以表示我的诚意，那将是对我诚实的诽谤。我们不应该质疑神所说的话。祂已做了一个又一个的声明，一个接一个的比喻。耶稣说：

> 我就是门，凡从我进来的，就必得救。
> （约10：9）

> 我是好牧人；我认识我的羊，我的羊也认识我。（约10：14）

> 我是世界的光。跟随我的，就不在黑暗里走，必要得着生命的光。（约8：12）

耶稣说祂就是道路、真理、生命（约14：6）。接受我，你就会得着真理，因为我就是真理。

你想知道道路吗？跟随我，我会带领你进入天国。你渴慕公义吗？我是生命的粮。到我这里来的，必定不饿；信我的，永远不渴（约6：35）。

耶稣是活水。人若喝我所赐的水，就永远不渴；我所赐的水，要在他里头成为泉源，直涌到永生（约4：14）。

祂说，复活在我，生命也在我，信我的人，虽然死了，也必复活。凡活着信我的人，必永远不死（约11：25-26）。

让我来提醒你，我们的疑惑是从何而来的。许多神亲爱的子民，永远都无法超越对自己是仆人这个身份的认知。而神则称我们为朋友。如果你走进一个房子里，很快就会看到仆人和儿子之间的区别。儿子在屋子里自由自在地走着；因为，他在自己家里。但是，仆人处于从属地位。我们要超越仆人的概念。我们应该意识到我们是神的儿女。神不会将祂孩子的身份取消。神不仅仅只是收养了我们，我们生来就是祂的；我们已经出生在祂的国度里。我的小男孩是我的，无论他仅一天大，还是现在的十四岁。他，是我的儿子。尽管，看起来，当他成年时，不像我所想象的那个样子。他是我的，虽然，他必须在家教和老师的指导下接受培训。神的儿女不完美，但我们完完全全是祂的儿女。

> 我们将因管家的职分而受评判。

疑惑的另一个源头，来自于定睛在自己。假如，我们想要凄惨苦毒，从早到晚充满疑惑，我们就定睛在自己。坚心倚赖你的，你必保持他十分平安，因为他倚靠你（赛26：3）。许多神亲爱的孩子被剥夺欢乐，是因为他们一直在倚靠自己。

有人说："看有三种方式。你若想要凄惨，就看看自己的内心；你若想要分心，就关顾四周；但你若想拥有平安，就要举目仰望。"彼得眼离基督，立即开始沉沦。主对他说，你这小信的人哪，为什么疑惑？（太14：31）。彼得有神永恒的话语，比那大理石、花岗岩，或铁，更坚实稳固；但是，当他把目光从基督移走的那一刻，他就下沉。那些走路左顾右盼的人，看不到自己的步子，是多么不稳定和难堪。我们要定睛在为我们信心创始成终的耶稣（来12：2）。

当我还是一个男孩时，唯有当我的眼睛，固定在一棵树，或我前面的一些物体上，才能在雪中保持一条直线。一旦我把眼睛从前面的标志挪开，我就走弯了。只有当我们定睛在基督身上，我们才有完美的平安。基督从死里复活后，向祂的门徒们展示了祂的手和脚（路24：40）。这是门徒们平安的根基。你若想驱散你的疑惑，定睛在宝血；你若想增添你的疑惑，定睛在自己。只要你自恋几天，疑惑就足够伴随你多年。

省察祂是谁和祂所成就的事，而不是你是谁以及你所做的事情。这才是得平安和安息的途径。

亚伯拉罕·林肯发布了解放奴隶宣言，解放了三百万奴隶。某天，奴隶的锁链脱落，获得自由。在北军经过的地方，宣言张贴在树上和围栏上。好多奴隶不识字，但当其他人读了宣言,他们中的大多数人都相信。在那一天,欢呼声顿起:"我们自由了!" 尽管,有些人没有声称自己自由,留在主人那里,但这没有改变他们是自由的这一事实。基督,我们救恩的队长,已宣告赐自由给所有信祂的人。让我们以祂的话信靠祂。奴隶的情结不能让奴隶自由。自由的力量必须来自外部。定睛在自己不会让我们自由,惟以信心的眼睛仰望基督让我们得自由。

莱尔(J.C. Ryle)[22]在信心和确据(Faith and Assurance)一书中精彩地描述:

> 信心,让我们记住,是根;而确据,是花朵。毫无疑问,你永远不会有花而没有根;同样确定的是,你可能有根,而没有花。

> 信心,是那位可怜颤抖的女人,从人群中,来到耶稣身后,摸祂衣裳的下摆(可 5: 25)。确据,是史提反,平静地站在谋杀他的暴徒中,说,我看见天开了,人子站在神的右边(徒 7: 56)。

> 信心,是忏悔小偷的哭泣,耶稣啊!求你记念我(路 23: 42)。确据,是坐在炉灰中的

22　莱尔(J.C. Ryle, 1816-1900)英国19世纪杰出的布道家,基督教作家。

救恩的确据

约伯，浑身毒疮，说，我知道我的救赎主活着（伯 19：25）。祂虽杀我，我仍指望在祂（伯 13：15）。

信心，是当彼得溺水下沉时，哭喊：主啊，救我（太 14：30）。确据，同样是彼得，站在犹太会堂前，宣告：祂是你们匠人所弃的石头，已成了房角的头块石头。除祂以外，别无拯救；因为在天上人间，没有赐下别的名，我们可以靠着得救（徒 4：11-12）。

信心，是焦虑，颤抖的声音：我信，但我信不足，求主帮助（可 9：24）。确据，是充满信心的挑战：谁能控告神所拣选的人呢？神称他们为义了。谁能定他们的罪呢？（罗 8：33-34）。

信心，是扫罗在大马士革犹大院里祈祷，悲伤，瞎眼，独自一人（徒 9：11）。确据，是年迈的囚犯保罗，平静地看着坟墓，说，我知道我所信的是谁（提后 1：12），有公义的冠冕为我存留（提后 4：8）。

信心是生命。多么伟大的祝福！谁能陈述生与死之间的深渊之别？然而，生命可能是软

弱,病残,多恙,痛苦,挣扎,焦虑,疲乏,沉
重,忧愁,严峻,直到最终。

确据不仅仅是生命。确据是健康,刚强,力
量,朝气,事工,精力,雄壮,和优雅。

一位牧长曾经这样祝福祷告:"神的心欢迎我们,基督的血让我们洁净,而圣灵让我们确定。"信徒的保障是圣灵作工的结果。

另一位作家说:

我曾见到灌木和树从崖石缝中长出,悬垂在令人惊悚的悬崖峭壁上,俯视着咆哮的瀑布,和奔腾的河流;但是,它们屹然挺立,枝叶四季色彩更换,生生不息,如同生长在密集的森林中。这是因为,它们扎根在岩石中,才能够安然无惧,而大自然的养育使它们生机盎然。信徒也是如此,在他们的天路之旅中险象环生;但是,只要他们"植根并扎根"在永久磐石中(Rock of Ages),就有绝对的安全。紧紧抓住基督是他们的保证,祂的恩惠、祝福赐给他们生命并在生命中恒持。树必然死亡,或岩石必然落下,只有这样,它们之间的联接才会终

结；因此，要么信徒失去灵命生活，要么磐石崩裂倒塌，他们之间的联合才会瓦解。[23]

以赛亚说：我必将他安稳，像钉子钉在坚固处；他必作为他父家荣耀的宝座。他父家所有的荣耀，连儿女带子孙，都挂在他身上，好像一切小器皿，从杯子到酒瓶挂上一样。（赛 22: 23-24）

有一枚楔子，固定在一个坚固的地方，在它上面，挂着所有的器皿和杯子。"哦哟，"一个小杯子说，"我太小了，我要是掉下去怎么办！"

"哦，"有个器皿说："你不用害怕，但是，我很沉、非常重，我要是掉下去可不得了！"

还有一个小杯子说，"哦，我要是像那只金杯，就永远不怕掉下去了。"

金杯回答说，"不是因为我是金杯，我才不掉下去，而是因为我挂在这楔子上。"

如果楔子松落了，我们就都落下了——金杯，陶磁杯，锡杯，所有挂着的；但只要楔子牢固坚实，所有挂在祂身上的都安然无恙。

我曾经在一墓碑上，读到过这样的碑文："出生，去世，保守。"让我们祈祷，愿神保守我们，有属天的平安和确保的救恩。

23　作者为J.贝特（J. Bate），见《圣经诠释》参考文献；由约瑟夫·埃克塞尔（Joseph S Exell）编辑。

第八章

基督即一切

惟有基督是包括一切,又住在个人之内。

(西 3:11)

基督,是一切我们要使祂成为的。我想强调一切这个词。有些人使祂成为像根出于干地,也无美貌使我们羡慕祂(赛53:2)。对他们来说,基督算不了什么;他们不要祂。有些基督徒的救主很小,他们不愿意完全接受祂,不愿意让祂为他们做大事。其他基督徒则有一位大能的救主,因为他们意识到祂是伟大、全能的。

如果,我们想知道基督想对我们做什么,首先,必须知道,祂是使我们脱离罪恶的救主。当天使从天而降,宣布耶稣将降生在世上时,他宣告了祂的名:你要给祂起名叫耶稣,因祂要将自己的百姓从罪恶里救出来(太1:21)。我们是否已脱离罪恶? 耶稣来,是要救我们脱离我们的罪,而不是让我们仍活在 罪中。

了解一个人,有三种方式。有些人,你之所以知道他们,仅仅因为听人家提起过。其他一些人,你只是曾经被介绍给他们,你对他们了解甚少。还有一些,是你认识多年的人;你非常了解他们。同样,我相信,今天在基督教会内外也有三种人。有些人只是读到过或听到过基督——他们只承认基督是一位历史人物。其他有些人和基督有一些个人关系。第三种人,则像保罗那样,渴望认识基督,晓得祂复活的大能(腓 3:10)。我们对基督了解得越多,就越加爱祂,就越能更好地事奉他。

> 我们对基督了解得越多,就越加爱祂,就越能更好地事奉他。

救主

让我们定睛挂在十字架上的耶稣,看看祂是如何除去罪的。祂来到世上,是为了除去我们的罪。我们若真的认识祂,就必须首先将祂视为使我们脱离罪恶的救主。记得天使在伯利恒的野地里,对牧羊人这么说,看哪,我报给你们大喜的信息,是关乎万民的;因为今天在大卫的城里,为你们生了救主,就是主基督(路 2:10-11)。然后,如果回到以赛亚的年代,即基督诞生前七百年,你会发现这些话:惟有我是耶和华,除我以外没有救主(赛 43:11)。

在《约翰一书》四章 14 节,我们读到:父差子作世人的救主,这是我们所看见且作见证的。所有的异教,都教导人们要靠努力才能见神,但耶稣基督的宗教,是神降临到人间,来拯救我们,并把我们高举起来,脱离罪恶的深渊。在《路加福音》十九章10节,我们读到,基督亲自告诉人们,祂为什么来:人子来,为要寻找拯救失丧的人。所以,我们要从十字架开始,而不是从摇篮开始。基督,为我们去到天父那里,开辟了一条新的、活泼的道路。祂挪掉了所有的绊脚石,因此,每个相信耶稣为救主的人都能得救。

拯救者

但是,耶稣基督还不仅仅是救主。我可能会救一个落水的人,免得他死的不是时候,但我无法为他做的更多。基督不仅仅是救主。当以色列人被安置于涂有羔羊血的门后,那血是他们的救赎,但是,如果他们没有从埃及人的枷锁中解脱出来,他们仍然会听到奴隶主挥鞭子的声音。是神救他们脱离埃及王的手。[24]

我对这种想法不敢苟同:即神降临拯救我们,然后,仍然让我们留在罪的监狱里,继续成为罪的奴隶。不!祂来是要救我们脱离罪,使我们胜过自己恶劣的性情、欲望和情欲。你是一个自称是基督徒的人,但仍然是某些恼人的罪的奴隶吗?如果你想战胜那种坏性情或情欲,就当继续更亲密地认识基督。祂为过去、现在和未来带来拯救。*祂曾救我们脱离那极大的死亡,现在仍要救我们,并且我们指望祂将来还要救我们*(林后 1:10)。

---

24 参见《出埃及记》十二章。

天路

救赎者

多少次,我们像以色列人来到红海时一样,因为前后左右和周围的一切都显得灰暗而灰心丧气,不知道该往哪个方向转? 就像彼得,我们问道,我们还归从谁呢?(约 6:68)但神为了拯救我们,已经出现。祂带我们经过红海进入旷野,开辟了通往应许之地的道路。 基督不仅是我们的拯救者,也是我们的救赎主。祂把我们赎回来了。你们无价被卖的,也必无银被赎(赛 52:3)。我们的赎回,不是用能坏的金银等物(彼前 1:18)。如果黄金可以赎我们,难道祂不能创造上万个充满黄金的世界吗?

向导

当神将以色列人从埃及的奴役中救赎出来,带他们过红海,当他们出征到旷野,神就成了他们的道路。我非常感谢主,没有将我们留在黑暗中,而是领我们走上正道。世上,没有一个在黑暗中摸索的人,不会明白究竟什么是路。耶稣说,我就是道路(约 14:6)。如果我们跟随基督,就会行在正道上,拥有正确的教义。

谁能像全能神一样,带领以色列人经过旷野? 祂知道路上的陷阱和危险,祂引导以色列人经荒野之旅进入应许之地。诚然,若不是因为那该诅咒的不信,以色列人本可从巴兰的加低斯进入并占有流奶与蜜之地,但他们想要的不是

神的话语；所以，他们被拒之门外，不得不在沙漠中流浪了四十年。(参 民13)

我相信，还有成千上万神的儿女，仍然在旷野中流浪。主已将他们从埃及人手中拯救出来，只要他们愿意跟随耶稣，就会立即带他们经过旷野进入应许之地。祂一直在这里，已经将坎坷的地方变平坦，黑暗的地方变光亮，弯曲的地方变直顺。我们只要被祂带领、跟随祂，就会有平安、喜乐和安息。

西部拓荒时期，当一个人出去打猎时，他会带着砍刀，在森林里边走边砍树皮；这就是所谓的"开辟道路"。他这样做，是为了知道回去的路，因为，这些茂密的森林中，没有现成的路。基督已经来到这地上"开辟了道路"。现在，祂既然已经升上高天，我们只要跟从祂，就会恒守在正道上。

你是否跟随基督，可以用这样的方法来检验：如果有人诽谤你或对你评断不公，你是否能像主耶稣那样对待他？如果你不能以爱和宽恕的精神来承受这些事情，世界上所有的教会和牧师都无法使你归正。人若没有

> 我们只要跟从祂，就会恒守在正道上。

基督的灵，就不是属基督的(罗 8: 9)。若有人在基督里，他就是新造的人，旧事已过，都变成新的了(哥后 5: 17)。

光

基督不仅是我们的道路，也是路上的光。祂说，我是世上

的光。跟从我的，就不在黑暗里走，必要得着生命的光（约 8：12）。任何跟随基督的人都不可能在黑暗中行走。如果你的灵魂在黑暗中，在地上的雾霾中摸索，那是因为你偏离了真光。只有光明才能驱散黑暗。如果，你在属灵的黑暗中行走，让基督进入你的心。祂就是光。

我记得我曾经很喜欢的一幅画，但现在，当我更仔细地看着它，除非我把它反转面向墙壁，否则我不会把它搁在我的家里。这幅画，画的是基督，手里拿着一个大灯笼，站在门口敲门。你把一盏灯笼放在基督的手中，倒还不如把一盏灯笼挂在太阳上[25]。基督就是公义的日头，走在这无云遮挡的日光下是我们的权份（玛 4：2）。

平安和喜乐

许多人都在寻找光明、平安和喜乐。我们没有被告知要寻求这些东西。我们如果让基督进入我们的心里，这些东西就自然到来。我记得，当我还是个孩子的时候，我曾经试着捕捉我的影子。一天，我面朝着太阳走路，一转身，发现自己的影子跟着我。我走得越快，我的影子也跟得越快。我没法甩掉它。同样，当我们的脸面向公义的日头时，平安和喜乐就一定会到来。

前段时间，有个人对我说："慕迪，你感觉还好吗？"老实说，我已经很久没有考虑过自己的感受了。因此，为了回答他，

---

25 这里的意思是，基督是日头，让基督手拿灯笼是对主的不恭。

基督即一切

我还不得不停下来想一想。有些基督徒无时无刻都在想自己的感受；他们只要一感觉不对，就认为自己的喜乐都没有了。如果我们一直面向基督，全神贯注在祂身上，那么，在我们成圣的路上，基督会将我们从众多的黑暗和试探中解救出来。

我记得，南北战争爆发后，有一次我去参加一个聚会。战争已经持续了大约六个月。北军在牛奔河（Bull Run）被击败[26]；事实上，北军是一败涂地，溃不成军，看起来共和国似乎要分崩离析了。我们大家都灰心丧气。在这次会议上，每个演讲者都好像《诗篇》里讲的： 把琴挂在柳树上[27]（诗 137: 2）。这是我参加过的最暗淡沮丧的会议之一。最终，一位白发苍苍的老者站起身来说话。他的脸闪闪发光。 "年轻人，"他说，"你们说话，不像是国王的儿子。虽然，这里很黑暗，但请记住，别处就很明亮。"然后，他继续说，即使整个世界都是黑暗的，神的宝座光明四射。

他告诉我们，他从东部来，那里有一位朋友，跟他讲了一段爬上山过夜看日出的事。 说是，一行人正在上山，还没到山顶，来了一场暴风雨。这位朋友就对向导说："我不想往上爬了，带我回去。"

向导笑着回答："我们很快就会上到风暴之上。" 他们就继续前行，不久，就到了一处如夏夜般平静的地方。山谷下面，风暴肆虐，雷声隆隆，电光闪闪；但是，山顶上却是一片平静祥和。

---

26 牛奔河之战（Battle of Bull Run），1861年7月。是南北战争的第一场重大战役，参见维基百科。

27 读《诗篇》一百三十七篇2节。 意指非常沮丧。

"所以，我的年轻朋友们，"老人继续说，"虽然我们周围一片漆黑，但再往高处一点，黑暗就会消失。"很多时候，当我感到气馁时，我就会想起他说的话。假如你正处在浓雾和黑暗的山谷里，爬高一点；更接近基督，更多地认识祂。

圣经说，当基督死在十字架上时，世界的光就熄灭了。神差遣祂的独生子成为世界的光，但世人不爱这光，因为这光暴露了他们的罪。当他们要熄灭这盏灯时，基督对他的门徒说了什么？你们要作我的见证（徒 1：8）。祂已经去父那里为我们代求，但要我们在世上为祂发光。你们是世上的光（太 5：14）。我们的工作是要发光，而不是吹自己的号角，来引起人们的注意。我们需要做的是彰显基督。即使我们有任何光，那光也是从基督那里来的。

有人对一个初信的基督徒说："归正！都是做梦（moonshine）！[28]"

初信的基督徒回答说："我要谢谢你的比喻。月亮的光从太阳那里来的，我们的光是从公义的太阳那里来的。"如果我们是属基督的，我们就在这里为祂发光。终有一日，祂叫我们回天家，得我们的奖赏。

我听说过这么一个故事。有一个盲人，坐在路边，旁边放着一个灯笼。有人问他，你看不到光，为什么要放个灯笼在身边。他说，这样，人们就不会被他绊倒。我相信，相比起任何

28　Moonshine在此处是"做梦"的意思，有讽刺、攻击的味道。

其他原因，更多的人绊倒，是因为那些自称是基督徒的，行事做人言行不一。比起世上所有的怀疑主义，对基督的事业造成更大危害的，就是这种冰冷、死板的形式主义，这种与世界的协调一致，这种言行不一、自欺欺人的行为。全世界的目光都注视着我们。我记得，乔治·福克斯（George Fox）[29]说过，每个贵格会（Quaker）教徒，在他所在的乡镇，都应该照亮他周围十英里。如果我们都为主发光，很快，就会照亮我们周围的人，就会有赞美的呼声直上天堂。

真理

人们说："我想要知道真理是什么。" 听着：耶稣说祂就是真理（约 14：6）。如果你想知道真理是什么，就要认识基督。人们还抱怨他们没有生命。很多人试图自己得到属灵的生命。可以这么说，你可以给自己加电，或充电给自己，但效果不会持续很长时间。惟有基督是生命的创造者。如果你想拥有真正的属灵生命，就要认识基督。许多人试着通过参加聚会来激发灵命。这很好，但是，除非他们与活着的基督相交，否则没有用；与基督相交，他们的属灵生命就不会是断断续续的，而是永恒的，源源不断地结果子献给神。

守护者

耶稣是我们的守护者。许多初信的门徒，担心自己的信心

---

[29] 乔治·福克斯（George Fox），是17世纪英国传教士，普遍认为是贵格会（Quaker）的创始人。

不坚定，不能恒久。保护以色列的，也不打盹，也不睡觉（诗 121：4）。保守我们，是基督的工作，如果祂保守我们，我们就没有跌倒的危险。我假设，如果女王要来照看英格兰的王冠，小偷就可能光顾。但它被存放在伦敦塔中，由士兵日夜守卫。有必要的话，整个英国军队将被召来保护它。同样，我们自己没有力量。我们不是撒旦的对手；他有六千年的经验。但是，我们要记得，我们的守护者，是那位既不打盹也不睡觉的神。在《以赛亚书》四十一章10节我们读到，你不要害怕，因为我与你同在；不要惊惶，因为我是你的神。我必坚固你，我必帮助你，我必用我公义的右手扶持你。《犹大书》24节告诉我们，祂能保守我们不失脚。在父那里我们有一位中保，就是那义者耶稣基督（约壹 2：1）。

牧者

耶稣基督也是我们的牧者。牧羊人的工作是照顾羊，喂养并保护它们。我是好牧人……我的羊听我的声音……我为羊舍命。在《约翰福音》那精彩的第十章中，基督使用牧羊人的代名词不少于二十八次，来宣告祂是什么，以及祂将做什么。在 28 节祂说，他们永不灭亡；谁也不能从我手中把他们夺走。没有人，或魔鬼，能够做到这一点。圣经还说，你们的生命与基督一同藏在神里面（西 3：3）。多么安全，多么牢靠！

基督即一切

基督说，我的羊听我的声音……他们也跟着我（约 10：27）。东方有位绅士听说一个牧羊人可以按名字把所有的羊都招来。那绅士就去见牧羊人，问他是否真的。牧羊人就把绅士带到羊所在的牧场。牧羊人对羊群呼叫了一只羊的名字。听到呼喊，有只羊抬起头，就朝他跑来了。其他的羊则根本不理会，继续吃草。以同样的方式，他召唤了大约十几只羊来到他周围。那绅士说："你怎么分辨他们？他们都长得一模一样。"

"啊哈，你看，"牧羊人说，"那只羊的脚趾有点向内拐；另一只的眼睛斜视；这只掉了一小块羊毛；那只身上有个黑斑，还有一只耳朵缺了一块。"这个牧人，凭着每只羊的缺陷，认识了所有的羊；因为，整个羊群中，没有一只羊是十全十美的。我想，我们的牧者以同样的方式认识我们。

一位东方牧羊人曾告诉一位绅士，他的羊知道他的声音，没有陌生人可以欺骗他们。这位绅士想验证一下牧羊人这番话。他穿上牧羊人的外衣，裹上头巾，拿着杖，往羊群走去。他把自己的声音压下去，费尽全力地模仿牧羊人一样说话，可是，羊群中没有一只羊来跟着他。他问牧羊人，他的羊是否跟过陌生人。牧羊人回答说，假如一只羊生病了，它就会跟着任何人。

因此，许多自称基督徒的人，在信仰上有恙或软弱时，任何一位师傅，真假不辨，他们都会跟随；当灵命健康时，基督徒就不会被谬误和异端所迷惑。他会知道所传的是否是真理。如果他真的与神相交,他很快就能分辨出神的声音。当神差派一位纯真的传讲信息者时,传讲的信息会得到从基督徒内心发出的回应。

基督是温柔的牧羊人。如果你在管教的杖下,你有时会认为祂对你不是一个非常温柔的牧羊人。经上记着说,因为主所爱的,他必管教,又鞭打凡所收纳的(希 12:6)。你经历杖下并不能证明基督不爱你。我的一个朋友失去了他所有的孩子。没有人像他那样爱他的家人,但猩红热把孩子们一个一个地夺走,四个五个,一个一个地相继死去。伤心欲绝的父母去了英国,在那里和欧洲大陆上,四处漂游。

> 当灵命健康时,基督徒就不会被谬误和异端所迷惑。

过了一阵,他们去了叙利亚。一天,他们看见一个牧羊人来到一条小溪边,叫他的羊群过河。羊下到溪边,望着河水,似乎停滞不前、退缩了,他无法使它们听他的召唤。过后,他把一只小羊羔夹在一只胳膊下;然后又抓了一只羊羔,放在另一只胳膊下,接着,就穿过小溪。那些年长的羊们不再站着看水了。它们蹚入水里,紧跟着牧羊人,几分钟后,整群羊都到了溪的另一边。牧羊人领着它们,到更新鲜更旺盛的草牧场。

看着这一幕,失去孩子的父母,觉得这是给他们上了一课。他们不再凄凄泣泣,因为,大牧者已经将他们的小羊,一只一只地带到了另一个世界。他们昂起头,期待着有一天,能跟失去的亲人一样,进到另一个世界。如果,之前你有亲人离世,请记住,你的牧人正在呼召你思念上面的事,不要思念地上的事(西 3:2)。当我们还在这个世界上时,让我们忠于祂、跟随祂。如果,你还没有接受祂为你的牧者,今天就接受祂为你的牧者。

更多的称号

基督不仅是我前面提到的所有一切称号,祂还是我们的中保,成圣者,和称义者;事实上,若针对每个灵魂,则需要大量的篇幅来描述祂希望成为什么。我在翻阅一些文章时,曾经读到过一篇有关基督是什么的精彩诗文,我不知道这篇诗文最初来自哪里,但对我的灵魂来说,它是如此的清新,我愿意把它告诉你:

- 基督是我们的道路;我们行在其中。

- 祂是我们的真理;我们拥有祂。

- 祂是我们的生命;我们住在祂里面。

- 祂是我们的主;我们选择祂来掌管我们。

- 祂是我们的主人;我们为祂服务。

- 祂是我们的先师,以救恩之道教导我们。

- 祂是我们的先知,指明未来。

- 祂是我们的祭司,为我们赎了罪。

天路

- 祂是我们的中保,永远活着为我们代求。

- 祂是我们的救主,拯救我们到底。

- 祂是我们的根;我们从祂成长。

- 祂是我们的粮;我们以祂为食。

- 祂是我们的牧者,领我们到青草地。

- 祂是真葡萄树;我们常在祂里面。

- 祂是生命之水,祂使我们解渴。

- 祂是万人中最美好的;我们爱慕祂胜过一切。

- 祂是父荣耀的光辉,是父本体的真像;我们奋力活出祂的形象。

- 祂是万物的拥趸;我们倚靠祂。

- 祂是我们的智慧;我们由祂引导。

- 祂是我们的义;承担了我们所有的不义。

- 祂是我们的成圣,我们从祂得到过圣洁生活的力量。

- 祂是我们的救赎,救我们脱离一切罪恶。

- 祂是我们的医者,治愈我们所有的疾病。

- 祂是我们的朋友,减轻我们的一切负担。

- 祂是我们的兄弟，在困境中激励我们。

- 祂是我们的复活：我们虽死，但因祂而复活。

- 祂是我们的永生：我们将从祂那里得到"不朽的气息"。

戈特霍尔德·莱辛[30]（Gotthold Lessing）写了另一段美丽的短文：

> 对我来说，我的灵魂就像一个又饥又渴的孩子，需要祂的爱和安慰来让我恢复活力。我是一只漂流迷失的羊，我需要祂，一位良善而忠心的牧羊人。我的灵魂就像一只被鹰追逐的受惊的鸽子，需要祂的伤口作为避难所。我是一棵软弱的葡萄树，我需要抓住祂的十字架并缠绕自己。我是一个罪人，我需要祂的公义。我赤身裸体，我需要祂的圣洁和纯真来遮盖。我身处困境，惊慌不安，我需要祂的安慰。我无知，我需要祂的教导；肤浅愚钝，我需要祂圣灵的引导。无论何时何地，我都不能没有祂。我祈祷？祂一定呈情为我代求。我在神的法庭上被撒旦控告吗？祂一定是我的中保。我受苦了吗？祂一定是我的帮助。我被世界逼迫了吗？祂一定保护我。当我被抛弃时，祂一定是我的

---

[30] 戈特霍尔德·莱辛（Gotthold Lessing, 1729 – 1781），德国启蒙运动时期的作家和文艺理论家。

支持。死时，祂是我的生命；当[腐烂]在坟墓里，祂是我的复活。既然如此，那么，我宁愿抛弃这世界及世上所有一切，也不愿与你，我的救主分离；感谢神，我知道你也不能也不愿意没有我。你富裕，我贫穷。你富足，我缺乏。你有公义，我[有]罪。你有酒有油，我有伤口。你有美酒美食，而我[有]饥渴。

使用我，我的救主，无论出于什么目的，以你所需要的任何方式。献上我可怜的心，空荡荡的容器；用你的恩典充满它。献上我罪恶、困苦的灵魂；用你的爱激励更新它。将我的心成为你的居所；我的口传扬你名的荣耀；我的爱和我所有的力量展现你的尊荣，为你的信徒服务。永远不要让我坚定的信心减弱，这样，我就可以在任何时候，发自内心地说"耶稣需要我，我需要祂；我们息息相关。"

第九章

背道而行

我必医治他们背道的病，甘心爱他们，因为我的怒气向他们转消。（何 14：4）

有两种背道者。一种是从未归正过；他们曾经历、参加基督教的社区活动，便声称自己是倒退者，但是，如果我可以用"向前滑行"这句话，来表达归向基督的话，他们从来没有这样做过。他们也许会谈论倒退，但其实他们从未真正重生过。我们需要将他们区分于真正的背道而行者——那些从不朽坏的种子生出来，但却已经偏离正道的人。我们要让后者，重新回到被离弃的他们起初的爱心。

翻到《诗篇》八十五篇5-7节。你读到：你要向我们发怒到永远吗？你要将你的怒气延留到万代吗？你不再次将我们救活，使你的百姓靠你欢喜吗？耶和华啊！求你使我们得见你的慈爱，又将你的救恩赐给我们。

天路

现在请看《诗篇》八十五篇8节:我要听神耶和华所说的话,因为祂必应许将平安赐给祂的百姓,祂的圣民;他们却不可再转去妄行。

没有什么比神的话语更能让背道者受益的了。而且,对这些人来说,旧约和新约一样,充满帮助。《耶利米书》就为四处徘徊者,提供了一些精彩的经文。我们要做的,是让倒退的人,听听主在说什么。

请来看《耶利米书》六章10节:现在我可以向谁说话作见证,使他们听呢? 看哪,他们的耳朵未受割礼,不能听见。看哪!耶和华的话,他们以为羞辱;不以为喜悦。这就是背道者的境况。他们对神的话语毫无喜悦。

> 没有什么比神的话语更能让倒退者受益的了。

但是,我们要把他们带回来,让他们聆听神的话语。现在来读《耶利米书》六章14-17节:

> 他们轻轻忽忽地医治我百姓的损伤,说:"平安了!平安了!"其实没有平安。他们行可憎的事、知道惭愧么。不然,他们毫不惭愧,也不知羞耻。因此,他们必在仆倒的人中仆倒;我向他们讨罪的时候,他们必致跌倒。这是耶和华说的。耶和华如此说:"你们当站在路上察看,访问古道,哪是善道,便行在其间。这样,你们心里必得安息。他们却说:'我们不行在其间。'

背道而行

> 我设立守望的人照管你们,说:'要听角声。'
> 他们却说:'我们不听。'……"

这就是犹太人背道而行时的光景。他们已经离开了原路。这也是所有背道者的景况。他们已经远离了纯正古老的圣经。亚当和夏娃因不听神的话而堕落。他们不信神的话,却相信那试探者。这就是背道者跌倒的途径——背离神的话语。

在《耶利米书》的第二章中,我们看到神恳求他们,就像父亲恳求儿子一样:

> 耶和华如此说:"你们的列祖见我身上有什么不义,竟远离我,随从虚无的神,自己变为虚妄的呢?"……耶和华说:"我因此必要与你们争辩,也必与你们的子孙争辩……因为我的百姓做了两件恶事,就是离弃我这活水的泉源,为自己凿出池子,是破裂不能存水的池子。"
>
> (耶 2: 5, 9, 13)

有一件事,我们要提醒背道者注意——主从未抛弃他们,他们却抛弃了祂!主从未离开他们,但他们离开了祂!而他们这么做,根本没有任何原因!祂问,你们的列祖见我身上有什么不义,竟远离我?今天的神,不就是你第一次来到祂面前的神?神改变了吗?人们很容易认为神已经改变了,但实际上错在他们自己身上。背道者,我会问你,"神有什么罪,让你离开,并且离祂远远的?" 你们,神说,自己凿出破裂不能存水的池子。世界无法满足新的秉性。地上的井无法满足已经和天上有分的灵魂。尝到过生命之水后的人，误入歧途，渴望从世间泉源寻求清新，但岂知今世的名誉、财富和享乐，根本无法满足他们的需求。地上的井会干涸。它们不能满足属灵的渴求。

《耶利米书》二章32节说，处女岂能忘记她的饰物呢？新妇岂能忘记她的美衣呢？我的百姓却忘记了我无数的日子。这就是神对背道者的指控。他们忘记了我无数的日子。

当我对年轻妇女说："我的朋友，你更看重耳环而不是主。" 她们常常为此感到吃惊。

回答常常是，"不，我没有。"

但是，当我问："如果你丢了一个耳环，你不会感到很懊恼，不会去找它吗？"

答案是，"嗯，是的，我想我会的。"然而，当她们转离主时，她们没当回事，也不寻求祂，以致找到祂。

有多少曾经与主相交，每日与主交通的年轻女性，现在是更多地关顾自己的衣服和珠宝，而不是宝贵的灵魂！爱，不喜欢被遗忘。如果孩子离开后，不闻不问，或寄些表示爱的纪念品，母亲们会很伤心。就像父母对待误入歧途的孩子一样，神恳求背道而行的人。祂努力领他们回归。祂问："我做了什么，让你离弃我？"

背道而行

整本圣经中，最温柔慈爱的话语，都是神对那些无缘无故离开祂的人说的。听听祂如何与这样的人争辨：你自己的恶必惩治你，你的背道的事必责备你。由此可知可见，你离弃耶和华你的神，不存敬畏我的心，乃为恶事，为苦事。这是主万军之耶和华说的（耶 2：19）。

当我说，我曾见到数百名背道者回归时，我没有夸大其词。我曾问他们，离开主是否是一件邪恶而痛苦的事。几乎没有一个真正的、曾认识主的背道而行者，不承认背离主是一件邪恶而痛苦的事。我不知道有何经文，比《耶利米书》的这节经文，更能使游子回头。如果你已经飘流到遥远的边陲，愿这节经文召你回归。

看看罗得。难道他不觉得这是一件邪恶而痛苦的事情？他在所多玛住了二十年，从未归正。在世人眼中，他过得很好。人们说他是所多玛举足轻重、才高八斗的人之一。可惜！他却毁了他的家庭。他去警告他的孩子们，他们却不予理睬，眼看着这位老背道者，在午夜，独自一人穿过所多玛的街道，是多么可怜的一幕。（参 创19）

我从未见过一个男人和他的妻子背道之后，能够举证他们的孩子未被毁坏。孩子们会拿基督教取乐，嘲笑他们的父母：你自己的恶必惩治你，你的背道的事必责备你。大卫不就是这样发现的吗？听他哀哭。我儿押沙龙啊！我儿，我儿押沙龙啊！我恨不得替你死，押沙龙啊！我儿，我儿啊！

（撒下18:33）。我认为，造成大卫如此痛悔的，不是他儿子的死，而是因为他本人毁坏了他儿子。

我记得，几年前的一天，我和一位老年人交谈，一直谈到午夜过后。多年来，他一直在罪的荒山上徘徊。那天晚上，他想归回到神身边。我们一起祷告、祷告、祷告，直到神的光照耀他；他满心欢喜地走了。第二天晚上，当我讲道时，他坐在我面前，我一生中从未见过任何人看起来如此悲伤和可怜。他跟着我进了咨询室。"有什么问题吗？"我问。"你的眼睛离开救主了？疑虑又回来了？"

"不，不是那样，"他说。"我今天没去上班，一整天都在拜访我的孩子。他们都结婚了，住在这个城市。我挨家挨户拜访，但他们都嘲笑我。这是我生命中最黑暗的一天，我意识到我做了什么。我把我的孩子带入这个世界，现在，我不能把他们带出来。"主使他恢复了救恩的喜乐，但他的过犯，却造成痛苦的后果。如果，你看看你周围的人，你会发现这样的例子，比比皆是，层出不穷。许多人，多年前来到你居住的城市，他们在繁荣富裕中事奉神，但现在已经忘记了祂；他们的儿子和女儿在哪里？瞧瞧那些背弃了主，回到了世间蝇头小事的父母，很有可能，他们的孩子，正走在通向灭亡的大道上。

我们若是信实的，就应忠告这些背道者。忠言逆耳乃是爱的表现。也许，我们会在短时间内被视为敌人，但真正的朋友是那些振聋发聩、忠言相劝的人。以色列没有比摩西更为真实的朋友。神将耶利米，哭泣的先知，赐给祂的子民，希望他们回到祂身边，但他们却离弃了神。他们忘记了带领他们出埃及、从旷野进入应许之地的神。在他们兴盛的时候，他们忘记了主，背道而行。主早就告诉他们会发生什么，并且印证了（申28）。轻视神话语的犹大国王西底家，被尼布甲尼撒掳去，他的儿女被带到他面前，个个被斩杀。然后，西底家的眼睛被剜，身被铜链捆绑，扔在巴比伦的地牢中（王下25: 7）。种瓜得瓜，种豆得豆，西底家是咎由自取。倒退当然是一件邪恶痛苦的事，但是，主要用祂话语的信息赢回你。

> 倒退当然是一件邪恶痛苦的事，但是，主要用祂话语的信息赢回你。

我们在《耶利米书》八章5节读到，这耶路撒冷的民，为何恒久背道呢？他们守定诡诈，不肯回头。这就是主指控他们的。他们不肯回头。神接着说：

> 我留心听，听见他们说不正直的话。无人悔改恶行，说：'我作的是什么呢？'他们各人转奔己路，如马直闯战场。空中的鹳鸟，知道来去的定期； 斑鸠、燕子与白鹤，也守候当来的时令；我的百姓却不知道耶和华的法则。
>
> （耶8: 6-7）

定睛看：我留心听，听见他们说不正直的话。没有家庭崇拜！不读圣经！无个人灵修！神弯腰留心听，但祂的子民却已经逆转离开了！若有一个忏悔的背道者，一个渴望赦免和复兴的人，你会发现，没有比《耶利米书》三章12-14节更为温柔的词了：

> 你去向北方宣告说，耶和华说：背道的以色列啊！回来吧！我必不怒目看你们，因为我是慈爱的，我必不永远存怒。这是耶和华说的。只要承认你的罪孽，就是你违背耶和华你的神，在各青翠树下向别神东奔西跑，没有听从我的话。这是耶和华说的。耶和华说："背道的儿女阿，回来吧。因为我作你们的丈夫。并且我必将你们从一城取一人，从一族取两人，带到锡安。"

只要承认你的罪孽。有多少次，我把这段经文拿起来给一个背道者看！承认你的罪，神说他会原谅你。我记得，有个人曾问我："这是谁说的？在那里吗？" 我就给他看了这段经文，只要承认你的罪孽，那人当即跪下哭喊："我的神，我犯了罪。"主就在那时那地修复了他。如果你流失了，祂要你回来。

之后，神说，以法莲哪！我可向你怎样行呢？犹大啊！我可向你怎样作呢？因为你们的良善，如同早晨的云雾，又如速散的甘露（何6：4）。祂的恻隐之心和爱是如此美好！

背道而行

见《耶利米书》三章22节：你们这背道的儿女啊！回来吧！我要医治你们背道的病。看哪，我们来到你这里，因为你是耶和华我们的神。祂甚至把该说的话放进背道者的嘴里。只要回来；如果你回来了，祂就慈爱地接受你，甘心地爱你。

在《何西阿书》十四章1-2、4节：以色列阿，要归向耶和华你的神，你因自己的罪孽跌倒了。当归向耶和华，用言语祷告（祂把话语放进你的嘴里）祂说："求你除净罪孽，悦纳善行；这样，我们就把嘴唇的祭代替牛犊献上……我要必治他们背道的病，甘心爱他们；因为我的怒气向他们转消。""归向耶和华"这句话，贯穿在这些经文中。

> 如果你迷失了，请记住，是你离开了祂——祂没有离弃你。

如果你迷失了，请记住，是你离开了祂——祂没有离弃你。你必须从进去时的原路，从背道者的泥坑里，走出来。假如你从离开主的原道返回，即时即地你就会与祂相遇。

我们若把基督当作世上任何的朋友来对待，我们就永远不会离开祂，甚至永远不会有一个背道者。假如，我在一个小镇呆上一星期，离开时，我不会想着不与所结交的朋友握手告别。如果，我不跟任何人告别，登上火车就离开了，我一定当挨批评。抱怨声会是："怎么搞的？"但是，你何曾听过一个背道而行的人向主耶稣基督道别？你何曾听过有人离开耶稣时，首先单独与神相见，说："主耶稣，我认识你十年、二十年或三十年,但我厌倦了事奉你。你的轭不易,你的担也不轻。我要回到世界,回去享受埃及的东西。再见,主耶稣!别了"?你听说过吗?不;你从来没有,也永远不会。我告诉你,如果你与神单独相处,与尘世隔绝,与主相交,你就离不开祂。你心中的话语将是,主啊,你有永生之道,我们还归从谁呢?(约 6:68)。如果你那样对待祂,就不会回到世界。你知道,你惟有耶稣。但你离开祂逃走了。你忘记祂的日子,数不胜数。此时此地,今天就回转!立定心志,永不止息,直到神使你重得祂救恩的喜乐。

康瓦尔郡(Cornwall)有一位绅士,在街上遇到一位基督徒。绅士知道他是一个背道者,就上前对那人说:"告诉我,你和主耶稣之间有隔阂吗?"

那人低着头,说,"没有。"

"如果是这样,"绅士说,"那祂对你做了什么?"那人泪流满面,无言可答。

在《启示录》二章4-5节,我们读到:

> 然而有一件事我要责备你,就是你把起初的爱
> 心离弃了。所以应当回想你是从哪里坠落的,
> 并要悔改,行起初所行的事。你若不悔改,我
> 就临到你那里,把你的灯台从原处挪去。

我要告诫你,不要犯某些人臆想行起初所行的事的错误。许多人以为,会重新得到和起初相同的经历。这种想法,让

成千上万的人数月没有平安,因为,他们一直在期待最初经验的更新。你最初来到主面前的经历,一去不返。神永不重复。地球上数以百万计的人中,没有两个人长得相似或想法相似。你也许会说无法区分这两个人,但是,你熟悉他们之后,你很快就辨别出差异。所以,没有人第二次会有像第一次同样的经历。如果神要使你的灵魂重得祂的喜乐,就让祂行祂所行的事吧。不要指望重得两年乃至二十年前的经历。你会有崭新的经历,神会按祂自己的方法对待你。如果你承认自己的罪,告诉祂,你偏离了祂诫命的道路,祂会让你重获祂救恩的喜乐。

注意彼得是怎么跌倒的,因为,几乎所有的人跌倒,都是经由彼得同样的行为举止。我要向那些没有跌倒的人发出警告。自己以为站得稳的,须要谨慎,免得跌倒(林前 10:12)。二十五年前,在我皈依归正的头五年,我曾经以为,如果我能在基督里坚强站立二十年,就不必担心会跌倒。但越靠近十字架,属灵争战就越激烈。撒旦的目标很高。他进到十二使徒中,捡选管钱的加略人犹大,和使徒中的使徒,彼得。大多数人,都是在他们秉性中最强的一面上坠落。人们告诉我,爱丁堡城堡(Edinburgh Castle)被成功击破的唯一处,就是岩石最陡峭、驻军自己认为最安全的地方。任何人,若在任何时候,认为自己有足够的力量抵挡魔鬼,他就需要特别警醒,因为,试探正是从那里来进攻的。

天路

亚伯拉罕是信心之父，信心之子孙的家谱，可以追溯到亚伯拉罕；然而，在埃及，他不认自己的妻子（创12）。摩西以温柔而著称，但是，他却因为一个仓促的行为和言语，被排除在应许之地之外——当时，神吩咐他对磐石说话，好让会众和牲畜有水喝，摩西却自行己见。你们这些背叛的人听我说；我为你们使水从这磐石中流出来吗？（民20：10）。

以利亚以勇敢著称，然而，仅因为收到了一个女人的口信，他就像个胆小鬼一样，在旷野走了一天的路程，躲在罗腾树下，在那里求死（王上19）。让我们小心点。不管此人是谁——他可能站在讲台上或其他高处——只要他变得自负，肯定会跌倒。我们这些跟从基督的人需要常常祷告，让自己谦卑并保持谦卑。神使摩西的脸发光，以便其他人可以看到，但摩西本人不知道他的脸发光。一个人的心越圣洁，他像基督一样的日常生活和对神的爱，就会越清楚地被外界看到。有些人说自己是多么谦虚，但如果有真正的谦卑，就不需要公开宣布。灯塔不必敲鼓吹喇叭，来宣告它近在咫尺；它便是自己的见证。如果我们里面有真光，它就会显现出来。最爱喧哗的人，不是最虔诚的人。

在离我住的地方不远，有一条小河，苏格兰人或称之为"溪"（burn）。一场大雨过后，从老远处，你就可以听到湍湍水流的声音；可是，只要有几天晴朗宜人的天气，小溪就变得几乎寂静无声。我家附近还有一条大河，水流声很小，然而，它终年不停地流淌在深邃而雄伟的河道中。当我们拥有如此多的神的爱，爱的存在就会显而易见，无须自擂自夸。

彼得垮掉的第一步，就是他的自信。主早就警告他。主说，*西门！西门！撒但想要得着你们，好筛你们象筛麦子一样；但我已经为你祈求，叫你不至于失了信心*（路 22：31-32）。但彼得说，*主啊！我就是同你下监，同你受死，也是甘心*（路 22：33）。*众人虽然为你的缘故跌倒，我永不跌倒* （太 26：33）。"雅各、约翰和其他人可能会离开你，但你可以信赖我！" 彼得说。主却警告他：*彼得，我告诉你，今日鸡还没有叫，你要三次说不认得我*（路 22：34）。

尽管主责备他，彼得仍然说，他已经准备好跟随主至死。这种吹嘘，往往是坠落的先兆。让我们谦卑、慎行。我们有很大的试探，在无人看管的时刻，就可能会跌倒，给基督带来丑闻。

彼得坠落的下一步，是他去睡觉了。撒但若能像摇着摇篮似的，让教会入睡，他乃是通过神的子民，来替他作工。彼得在客西马尼园睡着了，连片时都不能警醒。主接着问，*怎么样？你们不能同我警醒片时吗？*（太 26：40）。接下来，彼得以肉身的能量来争战。主又斥责他说，*凡动刀的，必死在刀下*（太 26：52）。彼得所做的，耶稣不得不撤销。再接下来，*彼得远远地跟着耶稣*（太 26：58）。他一步一步地，渐行渐远。神的儿女远远地跟在神后面，这是一件可悲的事。当你看到,彼得与世俗的朋友交往,把影响力投向错误的一边时,他正是在远远地跟着。不久之后,这个古老家族的姓氏就蒙耻辱,耶稣基督将在祂朋友的家中受伤。彼得,以他的榜样,将使别人跌倒。

> 神的儿女远远地跟在神后面,这是一件可悲的事。

在那之后,彼得对基督的敌人,既亲和又友善。一位使女对"勇敢"的彼得说:

> "你素来也是同那加利利人耶稣一伙的。"
> 彼得在众人面前却不承认,说:"我不知道你说的是什么!"既出去,到了门口,又有一个使女看见他,就对那里的人说:"这个人也是同拿撒勒人耶稣一伙的。" 彼得又不承认,并且发誓说:"我不认得那个人。" (太 26:69-72)

又一片时过去了,彼得仍然没有觉醒。当另一人,凭彼得的口音,断定他是加利利人时,彼得很恼火,就发咒起誓,再次不认他的主人;立时,鸡就叫了(太 26:73-74)。

彼得从高傲的顶峰开始,一步一步地走下坡路,直到赌咒发誓,说他从来不认识主。

主也许会转向他,说:"真的吗,彼得,你这么快就忘了我?你不记得你的岳母害热病时,我一呵斥,病就离开了她(太 8:14-15)?你不记得,当你钓到这么多鱼时,你震惊地直呼,主啊!离开我,我是个罪人(路 5:8)?你不记得,当你呼求,主啊,救我!我伸出手来拉住你,免得你淹死在水里(太 14: 30-31)?你忘记了,在变像山上,你、雅各、约翰和我同在,你对我说,主啊,我们在这里真好!你若愿意,我就在这里搭三座棚(太 17: 14)?你难道忘记了,和我同吃晚餐,同在客西马尼园了吗?你真得忘记我了吗,且这么快?"主可能会用诸如此类的问题来责备彼得,但主没有这么做。祂看了彼得一眼,眼里充满了爱,顿时,让这勇敢的门徒心碎。他就出去痛哭。

基督从死里复活后,请注意,祂是多么温柔地对待犯错的门徒。坟墓前的天使说,告诉他的门徒和彼得(可 16: 7)。尽管彼得三次不认主,主没有忘记彼得,祂要将这亲切而特别的信息,传给这悔改的门徒。我们的救主是多么温柔慈爱!

> 我们的救主是多么温柔慈爱!

朋友,如果你是流落者中的一员,让主慈爱的眼神赢回你。让祂使你重得祂救恩的喜乐。

在结束之前,让我说,我祈祷神能复兴一些阅读这些书页的背道者,他们将来可能会成为社会中有用的一员,成为教会的一个明亮的珠宝。如果大卫没有复兴,我们就永远不会有《诗篇》三十二篇: 得赦免其过,遮盖其罪的,这人是有福!(诗 32: 1)如果不是因为神的爱,我们就不会有那美丽的《诗篇》五十一篇,这诗篇是由那复兴了的背道者写的。在五旬节那天,我们也不会有那美妙的佈道——这是由另一位复兴的背道者传讲,乃至三千人归信(徒 2)。

愿神复兴其他背道者,使他们以前所未有的、千倍的价值为祂的荣耀所用。如果你不认识耶稣,或者,你已经远离祂,今天就举目仰望祂吧!

有关作者

德怀特·莱曼·慕迪（Dwight Lyman Moody）於1837年2月5日生于美国麻州北田（Northfield）。慕迪才四岁，父亲就去世了。留下他母亲一人抚养九个孩子。慕迪十七岁那年，离家到波士顿谋生，成了一名推销商。一年后，慕迪由他的主日学老师爱德华·金波（Edward Kimball）的带领，归向耶稣基督。不久，慕迪离开波士顿，来到芝加哥。他在那里开始自己教主日学。他二十三岁时，已经是一名很成功的鞋子推销商，仅八个月就赚了五千美金，这在十九世纪中期是很大一笔钱。然而，当他立志跟随耶稣，他就放弃事业，投身于基督教事工。他当时的年薪仅三百美金。

天路

慕迪不是被按立的牧师,但他是一位杰出的布道家。亨利·瓦利 (Henry Varley),一位英国的传教士,曾告诉他,"慕迪,世界尚将试目以待神将如何使用一个完全奉献给祂的人。"慕迪后来说,"靠神的帮助,我立志成为那个人。"

据估计,在他有生之年,没有电视或广播的帮助,慕迪旅行一百多万英里,向一百多万人布道,并亲自接触过七十五万多人。

慕迪死于1899年,12月22日。

慕迪曾说过,"总有一天,你会在报纸上看到讣告,说北田东(East Northfield)的慕迪死了。你连一个字都不要信!那一刻,我比我现在更有活力。我会升的更高,就这样——从这个老土墓,进入一座不朽的房子;有一个死亡无法触及的身体,一个罪不能玷污的身体,一个像祂荣耀的躯体那样塑造的身体。1837年,我以肉体出生。1856年,我由圣灵而生。以肉体而生的将死去,由圣灵而生的将永远活着。"

其他类似书籍

十字架,莱尔

「但我断不以别的夸口,只夸我们主耶稣基督的十字架。」(加六 14)

读者啊,请让我来跟你谈谈这个题目。相信我,这是一个有着最深远的重要性的题目,绝非什么简单的争议的问题;绝非什么人们认为尽可以言人人殊,同时却觉得对他们进不进天堂并无大碍的观点。"你怎么看基督的十字架?"每个人都必须对这个问题有正确的答案,否则他就永远失丧。对这个问题的答案将决定:天堂或地狱,幸福或悲苦,生命或死亡,末日的祝福或咒诅,也就是说,将决定一切。

让我来告诉你:

1. 使徒保罗断不以什么夸口
2. 使徒保罗以什么夸口
3. 为什么所有的基督徒都应像使徒保罗那样思考和感受到十字架

免费下载

慈声呼唤

这是和你,读者,心贴心的对话。在这里检验并一个个地解决了每一个借口,理由,和对你来就近耶稣可能的障碍。如果你觉得你这个人很糟糕,或者你也许真的很糟糕而且你公开或隐秘地在罪中,你将发现,基督里的生命也是为你的。你可以拒绝得救因着信的信息,或者你可以选择在宣告了对基督的信仰之后却仍然过一个罪中的生活,但是你却不能为了你或为了他人来改变这个真理本身。因此,你和你的家庭应当来拥抱这个真理,占有它,并真正在今日也在永恒中得自由。来吧,接受这个神白白赐予的礼物,为了他而过一个得胜的生活。

免费下载

www.ingramcontent.com/pod-product-compliance
Lightning Source LLC
Chambersburg PA
CBHW070143080526
44586CB00015B/1826